시에세이

아침 태양을
기다리며

변영태 에세이

시에세이 031

변영태 에세이
아침 태양을 기다리며

초판 1쇄 인쇄 | 2025년 2월 20일
초판 1쇄 발행 | 2025년 2월 25일

지은이 변영태
펴낸이 문정영
펴낸곳 시산맥사
편집주간 김필영
편집위원 최연수 박민서
등록번호 제300-2013-12호
등록일자 2009년 4월 15일
주소 03131 서울특별시 종로구 율곡로6길 36. 월드오피스텔 1102호
전화 02-764-8722, 010-8894-8722
전자우편 poemmtss@hanmail.net
시산맥카페 http://cafe.daum.net/poemmtss

ISBN 979-11-6243-552-6 (03810) 종이책
ISBN 979-11-6243-553-3 (05810) 전자책

값 13,000원

* 이 책은 전부 또는 일부 내용을 재사용하려면 반드시 저작권자와 시산맥사의 동의를 받아야 합니다.
* 이 책은 교보문고와 연계하여 전자북으로 발간되었습니다.
* 본문 페이지에서 한 연이 첫 번째 행에서 시작될 때에는 〈 표기를 합니다.
* 저자의 의도에 따라 작품의 보조 동사와 합성 명사는 띄어쓰기가 달라질 수 있습니다.

아침 태양을 기다리며

변영태 에세이

저자 변영태

　글쓴이는 1957년 창원에서 출생하여 인제대학교와 경남대 대학원에서 사회복지학과를 졸업하여 석사학위를 받았고 서울대학교 행정대학원 국가정책학 65기를 수료하였으며 최초 지방자치제 시행 이후 정당공천 없이 무보수 명예직인 진해시의회 최연소 의원으로 당선되어 1995년부터 2006년까지 12년 동안 3선 진해시의회 의원으로 활동하였습니다.

　진해시의회 의장 재직 시에는 진해시의회 의장 역할을 하면서 시정 전반을 체계적으로 개선하여 진해시민을 위해 열과 성을 다하여 일하였습니다. 진해상공회의소 상임의원 6선 18년으로 지역경제 활성화에 최선의 노력을 하였고, 진해신문을 1995년 창간하여 시민들에게 16년간 무료로 제공하였습니다.

　창원지방법원 상근조정전담 6년, 일반조정위원 25년 민사소송 분쟁을 담당하였고 또한 사회복지학 석사로 2007년도에 다문화지역아동센터를 설립하여 대표 & 센터장으로서 진해지역 어려운 아동들을 17년 동안 돌보았습니다.

　봉사활동으로 국제로터리 3720 지구 총재지역대표 진해중앙로타리클럽 회장 한국지역신문 경남회장 진해소방서 의용소방대장 진해포럼 대표로 활동하고 태민장학회를 설립하여 회장으로서 학업이 어려운 87명의 초/중/고/대학생들에게 장학금을 지급하여 꿈과 희망을 심어 주었습니다.

　고희를 맞이했지만 초고령화 사회를 눈앞에 두고, 앞으로 사회복지사 석사 전공자로서 소외, 빈곤에 대한 노인 문제에 관심을 가지고 정책 제안이나 노인복지향상에 일을 해 보고자 합니다.

자격 상훈
- 사회복지사 자격증 보건복지부 장관
- 기업회생관리사 자격증 (법정관리인) 중소기업부 장관
- 제12017호 대통령 표창
- 제6호 대법원장상 수상

Email: jinhae114@hanmail.net

저자의 말

그대들이여! 마음속에 살아 숨 쉬는 그대여!
아름다운 향기로 피어나는 내 가족, 나의 벗, 일상을 함께 한 사람들….
소중한 사람들은 책갈피에 꽂아둔 꽃처럼 가슴 한 켠에 피어나는 꽃이 아닐까?

표현하지 못한 고마운 일, 나를 미소 짓게 했던 일, 마음 아파하고 아쉬웠던 지난날 "희, 로, 애, 락"을 글로 남겨보았습니다.

가만히 앉아서 살아온 날을 생각해보니 어리고 풋풋했던 소년의 모습과 젊은 날의 열정과 무엇이든 다 이룰 것 같았던 지난날이 과거라는 기억 저편에 자리하였습니다.

우리 현대사에 급격한 산업화, 민주화, 지식정보사회, 4차산업혁명, AI 혁명 등 반세기에 일어나는 빠른 변화에 발맞추어 산다고 인생을 숨 막히게 뛰어온 저자는 베이비붐 세대로서 모든 시대 흐름을 경험하고 일상의 문화들을 글로 표현하고자 했습니다.

고희를 맞이하여 그동안 소중한 사람들과 함께한 남은 인생은 서로 안부를 전하고 때로는 비 오는 날 창가에서 진한 커피를 나누며 말이 없어도 마음을 읽어주며 미소를 주는 그런 사람이고 싶습니다.

출판을 위해 도움을 주신 시산맥사 문정영 선생님 편집실장님 외 관계자분들께 고마움을 전하며 일상생활에서 경험하고 느낌을 받은 일들을 운문 형식으로 고희를 맞이하여 남겨보았습니다.

변영태

CONTENTS :

저자의 말   6

PART 1   자연

멋진 아침	18
친구를 그리며	19
초가을	20
가을 단풍	21
장마	22
군항제 산행	23
장복산	24
웃음	25
무학산 산행	26
5월의 장미	27
여름	28
백두산 천지	30
태풍	31
열대야	32
바다의 새	33
산행	34
첫눈	35
만추 1	36
봄 잔치	37

봄의 기다림	38
봄이 오는 소리	39
봄	40
여행	41
봄비 내린 아침	42
아카시아 향기	43
싱그러운 아침	44
장맛비	45
능소화꽃	46
9월 가을	47
가을 하늘	48
새벽의 아침	49
만추 2	50
가을 향기	51
단풍	52
우리들에게 봄	53
덕동항	54
동심의 봄날 추억	55
4월은~	56
아침 풍경을 접하며~	57
접시꽃	58
바람 소리	59
가을의 낭만	60
겨울맞이	61
벚꽃	62
꽃길	63
비	64

거창 출렁다리	65
진해만 여름 바다	66
논두렁 길	67
높은 하늘	68
가을 풍경	69
매화나무	70
바위 소나무	71
장미	72
산딸기	73
보문호수	74
기다리는 마음	75
시월의 아침 햇살	76
길	77
가을이 가네	78
진해루 해맞이	79
봄기운	80
봄빛	81
꽃	82
봄 햇살 아래	83
초여름의 풍경	84

PART 2 친구 사랑

세월	86
동심	87

회갑 여행	88
독촉	89
동행	90
만남	91
단풍 구경	92
10월 마지막 밤	93
12월	94
새해 아침	95
사랑	96
풍자	97
건강	98
그리운 친구	99
친구 장인상	100
희망의 9월	101
옛날 장터	102
소중한 우정	104
동심의 세계	106
추석 인사	107
그리운 날	108
송년 모임	109
가는 세월	110
새해 다짐	111
소원	112
기다림	113
건강	114
동심의 미소	115
초등 동창의 그리움	116

바람개비	117
태안 여행	118
추억 여행	119
5월은	120
자신의 삶	121
양촌 22 방송	122
송년	123
2020년 1월 1일	124
설 연휴	125
소식	126
새봄	127
회상	128
삶	129
영원한 우정	130
여름휴가	132
한가위	133
친구 생각	134
아쉬움	135
안부	136
인생 황금길	137
봄비	138
3월 마지막 풍경	139
저녁 비	140
행복의 문	141
비 오는 날	142
오월이 흐른다	143
중년의 꽃!	144

그곳에 가면	145
유년 시절	146
무릉도원	147
휴가	148
마중	149
카-톡	150
100년의 삶	152
친구에게 보내는 글	153
친구 얼굴	154
그리운 벗이여	155
초등 동창 봄 야유회	156
동창회	158

PART 3 보금자리

고향 생각	162
그리운 내 고향!!	164
고향	166
세월	167
그리운 어머니	168
고향 풍경	170
어린 시절 생각	171
창원법원 상근조정위원	172
추석	175
가족에게	176

사랑하는 당신	177
착한 딸에게	178
큰아들아	180
아들에게	182
민속의 명절	184
고향 향수	185
가정의 달	186

PART 4 상생

전화	190
인간관계	191
성공	192
인사	193
삼일절 아침	194
축하의 글	196
경기 침체	197
국민 여론	198
국가 경제	200
미소	201
행복한 웃음	202
가을비	203
대한민국	204
감사 인사	206
행복의 종착점	207

친구 생각	208
휴대폰	209
긴 장마	210
꿈과 희망	211
고진감래	212
호국 영령	213
쉬어가는 마당	214
3·1절	216
마지막 달력	217
2월은	218
5월	219
사람이 먼저다	220
2024년 12월 03일	222
아침의 일상 속에	223

PART 5 봉사와 나눔

코로나19	226
한마음병원	228
코로나 마스크 대란	229
이태원 클럽	230
인생 2막	231
성탄절	232

PART 1

자연

멋진 아침

하늘은 푸르고
갸~아악 갸~아악 까치 소리 지저귀며
종달새는 찌지 배배 찌지 배배
뻐꾹 새는 뻐꾹~ 뻐꾹
장단을 맞추는 아침이다!

인간은 자연을 벗 삼아 삶을
누려야 하듯이 좋은 환경에서
친구에게 소식을 전한다.

자연이 준 고귀한
선물에 감사를 드리며
친구야 사랑한다!

친구를 그리며

봄비가 내린 후에 상쾌한 아침이다!
뒤 산에 오르니 새 소리가 나를 반겨주네

신록의 계절! 푸르름에 동화되니
문득 떠오르는 생각!우리 어릴 적 학교 수업 후
양촌 뒤 산에서 소와 함께 놀았지!

외양간에서~
겨우내 지루해하던 소를 벗 삼아 소 꼴 먹이던
지난 생각이 나는구나!

그때 우리 친구 여학생들은 뭐 했지?
고무줄놀이하고 놀았지? 우리는 그때도 일했지

사랑하는 친구야!
60대가 되어보니 지나간 세월들이 주마등처럼~ 스쳐 가는구나?

우리 스스로 이제 남은 고귀한 인생의 삶들을 생각하면서
언젠가 다시 만나는 그날이 기다려진다!

진해 도불산 약수터에서 친구를 그리며~~

초가을

이른 아침에
농장에 도착하니
풀벌레가 풀 속에서
말을 거네.

지난여름은
가뭄과 폭염이 심하였지만
꽃과 열매는
자연의 순리대로 흐른다!

초 ~가을!
하늘 저 멀리
양떼구름이
마음을 설레게 하여

아침부터~
어릴 적 기억들이
샘솟는구나!
내 사랑하는 친구야!!

가을 단풍

친구야!
가을이 아름다운 것은
친구 생각이 스며들기 때문일 것입니다.

가을은 수많은 단풍들로
친구를 일깨우고 있습니다.
단풍 한 잎을 보면서 동심에 소박한
우정을 알아낸다면 참 좋겠습니다.

친구야! 가을에 많은 것을 생각합니다.
맑은 하늘을 보고 진실을 생각하면서
우정이 자라는 느낌이 들게 됩니다.

가을이 아름다운 이유는 여기에 있습니다.
풀벌레 소리를 들으며 외로움을 느낄 때
우리는 지난 동심에 우정을 생각합니다.

장마

기다리는 비는
우리를 애만 태우더니
장마와 함께 7월이 시작되는구나!

사랑하는 친구야!
늘 항상 언제나 변함없이
한결같은 마음으로
그냥 있는 그대로

우리들은 사랑하는 마음으로
그렇게 살며 7월에도 우정을
이어가자꾸나!

군항제 산행

군항제
놀러 가즈아!!
사랑하는 친구야!!
군항제 벚꽃 벗 삼아
등산 한번 하자.

주말은 진해가 차량으로 넘쳐 너무 복잡하고
4월 6일 금요일 한번 보자꾸나?

멀리 있는 친구는
한식, 성묘 겸해서 한번 오시고
직장 근무자는 연차 휴가를 사용하면 어떨까?
생각이 드는구나!

사랑하는 친구야!!
아무리 마음의 여유가 없어도
시간을 내어서 한번 만나자꾸나?
우리 인생 머물 듯 가는 것이 세월인 것을

우리 어릴 적 그리움을 되새겨 보자
친구야!!

장복산

세월이 유수 같다.
따뜻한 봄 햇살 아래
벚꽃이 만발하였더니

이젠 어디론가 사라지고
녹음이 짙어 가는구나!
장복산을 오르니~

문득 친구 생각이 떠올라서
소식을 묻고 싶구나!
세월호가 네월호가 야단법석을 떨어도

어제 친구가 좋은 글을 올렸지?
옛날에 부모상도 3년 상주했는데
4년이 지났는데 평생 하겠다고.

사랑하는 나의 친구!!
언제나 변함없이 옛 우정을 생각하고
조석으로 기온 변화에 건강관리 잘하시고
미세먼지 불쾌함에 잘 대처하길 바란다.

웃음

사랑하는 친구야!
오늘따라 왠지 허전함이 앞서는지
세월 따라 이제 우리도
건강이 걱정되는 시기구나?

내가 울면 해도 울고
내가 웃으면 해도 웃듯이!!
친구들 건강이
다들 염려되는 시기라 함께 우울해지는구나!

사랑하는 친구야!
몸이 불편하더라도
마음을 잘 다스려 주길 바란다.
새~ 봄 양촌 냇가에서 물 흐르듯이
세월이 흘러왔건만

이제 우리가 어른이 되어서
서로가 걱정하는 신세가 되었구나!
어릴 적 생각하면서
친구 생각에 잠긴다.

무학산 산행

아침에 집을 나선다.
등산을 약속하고
무학산 서원 곡에서
초등학교 친구들을 만났다.

무학산은 온통 초록으로 단장해서
초여름의 싱그러움을 한층 더 한다!!
마산 앞 바다를 바라보니 파란 물결이 출렁이네!

무학산이
아름다운 것은 향기가 있기 때문이고
우리 친구들의 삶이 향기로운 것은
우정이 있기 때문이다.

사랑하는 친구야!
오늘 우리가 모여서
나를 즐겁게 하고 향기롭게 하는 것은
내 안에 사랑으로 흐르는 친구가 있기 때문이다!

산행 후 뒤풀이는
소주잔 기울이며 우정을 나누었고!
초여름 날씨에 우리 60대 인생도

여물어서 익어가고 있다.
"친구들 고마워"

5월의 장미

사월이 지나고 오월 중순에서
5월의 장미가
온통 꽃 천지로 아름답게 피어나서

사월이
지나가고 오월! 계절의 변함에
자연의 위대함을 새삼 느껴보는구나!

나는
오늘 문득 친구 생각이 떠올라서
별고없이 잘 지내시는지?
건강은 하시는지?

친구 생각에
혼자가 아니라는 것을 일깨워 주는 친구들!
사랑합니다.
행복의 안부를 전한다.

늘
건강하시고, 즐겁고 좋은 일만
가득하기를 기원합니다.

여름

친구야!!
무더운 여름이 시작되었구나?
서로서로 안부라도 물으면서 지내보자꾸나?
무엇이든 억지로 하면 스트레스이지만 좋아서
즐겁게 하면 재미나고 신나는 일이지요?
아침에 농장에 나와서 처음에는 댓글 다는 것조차 어색했는데
눈팅만 하기에는 미안한 마음에 한 줄의 흔적을~
그러다가 제법 긴 댓글을
어느 날 친구에게 보내는 글을

그러다가 간혹 글 쓰는 습관이 생긴 걸 보니
타고난 재능보다 노력으로 좋아질 수 있음을 느껴보네요!!
글을 적어 보니
옛 학창 시절에는 첫 줄을 못 써 한참을 헤매었는데
고통의 시간을 지나서 이제 글쓰기가 힐링의 시간임을
느끼게 하구나?
그저 평범한 일상에 나의 감성을 조금만 더해보면
편안한 글이 나오니 일상을 생각해보면서
하나씩 늘어가는 재미가 쏠~쏠 하단다.

그리고 따뜻하게 마음 담아 달아주시는 댓글에 힘이 나고
나의 글을 귀히 여겨주시는 친구들이 있어서
늘 고마울 따름입니다.
기상하면 제일 먼저 농장으로 달려가서

나의 하루를 시작하는 뿌듯함을 느끼고
동물들이 노는 모습을 바라본다.
그것이 하루를 시작하는 나의 소중한 행복이란다.
그 습관이 언제까지 지속할지는 알 수 없지만 아마도
내가 좋아하고 몸 건강히 할 수 있는 그날까지 일 듯합니다.
아침부터 저리도 신나게 지저귀는 새소리가
오늘 아침을 더 기분 좋게 열어주네요!
오늘도 감사의 마음으로
친구야! "사랑해."

백두산 천지

사랑하는 친구야!!
구름도 울고 넘는
우리 애국가의 첫 구절 ~ 그곳!!

"민족의 영산 백두산"
초등학교 동창 남녀 친구들이 함께하여
감개무량하겠구나!

단군의 개국 신화로부터
수천 년의~ 역사 속에서
백두산은 항상 한 민족과 함께했지요!!

그 자리에서 친구들의 모습을 접하니
백두산 천지의 웅장함과
신비로움의 정기가 이곳까지 흐른다오!

사랑하는 친구야!
백두산 성산에 기를 듬뿍 받아서
무사히 귀가하기를 기도드리면서

돌아오실 적에
마오타이 술 한 병 들고 오소!
만나서 회포를 풀면서
백두산 미담을 즐겨보자구요.
너의 친구들~

태풍

친구야!!
비가 내리는 일요일 아침이구나?
태풍이 북상하며 강풍을 동반한 폭우가 가세해
큰~ 피해가 우려됩니다.

장마가 시작되는 7월에는
날씨도 더워지기 시작하고 지치기
쉬운 계절입니다.

자연에 위로받고 휴식하면서~
매일 매일을 즐거운 마음으로
보내셨으면 좋겠습니다.

장마, 태풍과 더워지기 시작하는
날씨에 철저한 사전 대비와
건강 조심하시고,
항상 사랑과 행복이 가득하시길 바랍니다.

열대야

좋은 아침입니다.
푹푹 찌는 열대야가
밤잠을 설치게 하는구나!

무더운 여름 짜증 대신
문자로서 서로에게 행복이 되는
즐거운 하루를 시작해봅시다.

세월이 변해도
영혼의 마음으로 머물 수 있는
친구와 나였으면 좋겠습니다.

서로가 배려하는 마음으로
언제나 풋풋한 미소가 어리는
친구와 나였으면 좋겠습니다.

무더운 여름 그리움으로
늘 친구를 생각하게 하고
은은한 향이 풍기길 기원해봅니다.

바다의 새

푸른 바다!
늠름한 갓 바위에
아름다운 새야
너는 무슨 생각에 잠겼느냐?

바람 불고 파도 소리에
외로이 홀로 앉아서
그리운 짝을 기다리는지
너의 모습이 처량하기만 하구나??

새야~
아름다운 새야
창공을 훨~훨 날아서
너의 외로움을 날려버려라.
새야~ 아름다운 외로운 새야!

산행

가을은 온 산천의
수많은 단풍들로
친구의 마음을 일깨우고 있습니다.

가을에 이렇게 생각이 깊어지면
친구를 생각하는 틈새에서~
우정이 자라는 느낌이 듭니다.

가을이 아름다운 이유는 여기에 있습니다.
함께 모여서~ 깊어 가는
가을 향기를 나누어봅시다.

만추의 계절! 아쉬움을 흘려보내기 전에
우리 함께 등산 한번 합시다.
저~붉게 물든 아름다운 단풍이 떨어지기 전에.

첫눈

첫눈이 펑펑 내렸네! 첫눈이 내리면
그리워하는 사람을 만난다고 하던데

북한산 설경을 접하니 내 마음이 흔들리네.
친구도 보고 싶다. 북한산 멋진 풍경에
즐거운 주말이겠네?

어제 진해는 농장에 나가니 첫얼음이 얼었던데
얼음을 보고 계절이 변화무상함을 느꼈다!!

자연의 순리는 대단해~
우리가 엊그제 만추의 아름다움을
새겨 보았는데, 얼음이 얼고 첫눈이 내리고
올여름 폭염 41도가 생각나더라!!

친구야! 그리운 사람이 없으면
초딩 친구들을 소집시켜 한판 벌이면 좋겠네?

만추 1

지금 진해는 가을비가
촉촉하게 내려 대지를
적시고 있다.

비 오는 날이면
가을엔 친구와 술(차) 한잔의
그리움을 마시고 싶다.

만추지절!
단풍잎은 화려해도
바람은 쓸쓸하게 불어댄다.

친구를
가을바람처럼 만나
스산한 이 계절을 걷다가

한적한~
술(차)집에서
만추의 사색에 젖고 싶다.

은은한
가을 향을 마시며
아름다운 추억을 만들고 싶다.

봄 잔치

3·1절 100주년이 지나고 즐거운 주말입니다.
이제 꽃 피는 봄이 찾아왔습니다.

친구들 봄의 설렘과 함께 하루를 시작하시고
친구들을 위해 항상 노력하는
동창회 회장단에도 격려에 인사를 전달합시다.

우리 다 함께 즐길 수 있는 5월 5일 봄 소풍!
봄~ 잔치가 준비되었다니 기다려지는구나!!

사랑하는 친구야!! 우리 몸과 마음에도
봄 새싹이 돋아나듯 새로운 기운과 희망으로
가득하시길 기대하면서

봄소식처럼 기쁜 일 많은 3월 한 달 되시고
50년 이후 우리 사랑은 회갑 여행을 시작으로
정선~ 원주~ 태안으로 이어 나갑니다.

우리의 우정은 산길과 같아서 오가지 않으면
잡초가 우거져 길이 없어집니다.
아름다운 길을 위해
친구야! 꼭~ 만납시다.

봄의 기다림

사랑하는 친구야!
벌써 2월이 시작이고
오늘 주말에 이어
4일은 봄이 온다는 입춘!
5일은 음력 설날로 이어지는구나?
세월이 총알같이 흘러간다.

사랑하는 친구야!
우리가 바쁜 시간의
흐름 속에 살고 있지만
과거 친구와 어떤 시간을 보냈느냐가
'오늘의 우리'를 만들고
항상 어떤 시간을 보냈느냐에 따라
'내일의 우리'가 결정된다고 생각한다.

사랑하는 친구야!
이제 우리도 60대로서
미래의 계획을 미리미리
잘 세워 음력 설 가족과 함께
즐거운 시간 보내고
주변 가까운 지인들과도
원만한 관계가 형성되길 바란다.

봄이 오는 소리

이른 아침!!
저 멀리 진해만을
바라보니~

봄이 오는 소리가
들린다.
앙상한 벚나무에
가지들의 움직임이
나타난다.

꽃망울이 움트는
봄이 오는 소리와 함께
붉은 모습으로
물들어가는
아침이다.

봄

친구야!
꽃샘추위 지나가고
이제는 새싹이 파릇파릇
움트는 봄날에
활짝 웃음을 지으며 미소를 보냅니다.

우리 인생도 흘러가는
세월 앞에서 기쁨도 아쉬움도
가득히 흐르는 파노라마처럼
삶을 보내고 있습니다.

우리의 삶도~
유유히 흐르는 강물처럼
변함없는 삶에 만족하며
건강하게 봄을 맞이하면서
행복하게 달려가 봅시다.

여행

사랑하는 친구야!! 따스한 봄날에
식물은 봄을 만나야 새싹이 트고
우리는 친구를 만나야 행복합니다.

초등학교 동창은 남녀 구분 없이
부담 없는 좋은 친구를 만나 산이 부르면 산으로 가고
5월 5일 태안 바다가 부르면 바다로 가고

우리가 하고 싶은 것들 마음껏 다 하며
남은 인생 후회 없이 즐겁게 살다 갑시다.
한 많은 이 세상 어느 날 갑자기 소리 없이
훌쩍 떠날 적에 돈도 명예도 사랑도 미움도
가져갈 것 하나 없는 빈손이요.

동행해 줄 사람 하나 없으니 자식들 뒷바라지하느라 다 쓰고
쥐꼬리만큼 남은 돈 있으면 자신을 위해 아낌없이 다 쓰고

이 세상에서 함께하는
진실한 초등학교 동창들이 있다면 행복한 사람입니다.
항상 친구들이 나보다 더 보고 싶다고 생각하면
친구를 사랑하고 보고 싶고 우리는 기다림 속에
5월 5일 만나게 될 것입니다.
친구야!! 우리 만날 그 날을 기약하며
"사랑해"

봄비 내린 아침

높은 아파트 건물 사이로 아파트 울타리에
5월의 장미가 아침 인사를 하네요!
반가운 얼굴로 마주하며 오늘을 시작합니다.

상쾌한 아침 장미꽃 향기 찾아드는 맑은 이슬방울로
친구를 향한 그리움 가슴에 품고 조용히 숨죽이며 찾아갑니다.

비 내린 어젯밤! 가로등 밑에 뚝뚝 떨어지는 빗방울이
친구 오는 그리운 발자국 소리라면 얼마나 좋을까요?

오늘도 내 마음속에 친구의 역동적인 모습이
해맑은 미소로 하루의 기쁨을 선물합니다.
친구와 내 마음속에 담아 놓은
그리움과 사랑은 얼마쯤일까요?

오늘도 나의 마음속에 있는 친구야!
하루에 한 번이라도 친구의 그림자 위에
나의 모습을 덮고 싶습니다.

언제나 나의 마음속 깊이 그려진 친구의 모습 살며시 손 내밀면
어느새 물그림자 일렁이듯 숨어 버리니
오늘도 친구를 향한 생각으로 그리움을 간직하며 살아갑니다.

봄비 내리는 아침!

아카시아 향기

아카시아 향기가 그윽한 5월!
맑은 아침에 친구를 그려봅니다.
아침의 맑고 신선한 공기처럼

상쾌한 친구의 맑은 표정을
5월의 따뜻한 햇살처럼 주위를
덮어주는 포근한 마음으로

5월 봄날 만물을 키우는 훈풍처럼
나를 세워주는 긍정의 마음으로
날마다 친구를 불러보겠습니다.

5월의 아침이면 꽃들을 닮아
향기로운 내음을 풍기면서
싱그러운 모습으로
친구를 생각하며 사랑하겠습니다.

싱그러운 아침

사랑하는 친구야!
창가에 어둠이 걷히면
6월의 시작과 새벽을 깨우는
자연의 소리가 들린다.

이른 아침에 집을 나서면
푸른 나뭇가지에서 지저귀는 새소리의
희망찬 수다가 내려앉는
싱그러운 아침이 시작되는구나.

친구야!
우리의 6월 아침도 봄의 향기처럼
싱그럽게 열리는구나.
세월도 맞물려 돌아가는 톱니바퀴처럼
자연은 순리대로 흘러가고

사랑하는 친구야!
6월을 시작으로 마음을 함께 나누는
우리의 삶이 아름다운 행복이라고
생각해본다.

장맛비

친구야!!
장맛비가 세상을 적시고
친구를 생각하는 그리움에 잠긴다.

아~ 그리움이여!
아~ 고독함이여!
비 내리는 지금, 친구를 찾고 싶다.

네가 있음에 친구가 있고
친구가 있음에 네가 있는
사랑을 담아가고 싶다.

더욱이 요즘 장맛비 오는 날에
온 세상이 초록빛으로 물 들은
나뭇잎 사이로 떨어지는 빗방울을 보며
친구가 그리워진다.

능소화꽃

친구의 문자나 카톡 한 줄이
따스한 정을 주고 사랑을 이어줍니다.
우리가 한평생 수많은 날들을
살아가면서 늘 항상 언제나
변함없이 편안하고 좋은 관계는
친구와의 만남입니다.

여름 더위가 시작되고
아파트 어귀에는 애절한 사랑이 담긴
전설의 유래가 깊은 능소화꽃이 피었습니다.
여름에 피기 시작하여,
가을까지 핀다는 능소화꽃에

사랑과 행복을 가득 담아드리오니
친구들끼리 서로서로
사랑 나누는 즐거운 여름
맞이하시길 바랍니다.

사랑하는 친구야!
장마와 무더위가 계속되지만
오늘 하루도 웃음과 기쁨
그리고 사랑 가득 채우는 날 되세요.

9월 가을

오늘 아침 선선한
가을 공기를 품고
9월이 시작됩니다.

계절의 변화는
언제나처럼
우리의 활력을 불어넣어 줍니다.

바쁜 일상 속에서도
작은 행복을
즐길 수 있는 여유가
함께하는
9월 보내면서

다가오는
추석 연휴도
가족과 함께
잘 맞이하시고
즐거운 시간이 되시길 바랍니다.

가을 하늘

10월 아침!
친구의 사랑이 가을 새벽
작은 이슬방울에 담겨왔습니다.

가을이 아름다운 것은
그 계절 속에 다른 때보다
더 많은 생각이 스며들기 때문일 것입니다.

우리들은 확실히 가을에 많은 것을 생각합니다.
맑은 하늘을 보고 진실을 생각하면서
더 투명해지고 싶어지는 때도 가을입니다.

가을이 또 아름다운 이유는 여기에 있습니다.
풀벌레 소리를 들으며 외로움을 느낄 때
우리는 친구를 생각합니다.

맑고 투명한 하늘을 쳐다보며
마음의 문을 열고 마중 나가
친구들 만날 날을 기다리며 외로움을 달래봅니다.

새벽의 아침

친구야!
아침을 열어가는
이른 새벽의 시간
어둠의 빛이 창가에 쌓여있다.

조금씩 벗겨지는
새벽 아침에
먼동의 안개가 벗겨지듯
하루가 시작된다.

열린 창문 틈새로
신선한 공기가 느껴지며
하루가 열리는 아침의 시간
늘상의 반복이지만
오늘도 무사하기를 바란다.

친구야!
아침 차 한잔 마시며
또 다른 인간사를 배우고 느끼는
아침을 맞이하면서
그리움에 가득 찬 미소를 띤다.

만추 2

깊어 가는 가을 속 바람도 어느새 쌀쌀해져
도톰한 겉옷을 꺼내 입습니다.

시월을 더듬어봅니다.
어떤 이는 세월 따라 친구 따라 단풍 구경을 나서고
어떤 이는 떨어지는 낙엽을 바라보며 삶을 뒤돌아봅니다.

가을걷이에 바쁜 농부님은 피곤한 몸뚱이조차 잠시 제쳐두고
거둬들일 곡식 걱정부터 앞섭니다.

우리의 인생 열차는 가을이라는 삶의 간이역을
또다시 지나는 중입니다.

사람들은 하루가 다르게 곱게 변해가는
자연을 바라보며 마음속에 갖가지 추억을 남겨 놓지만
인생 열차는 세월의 종착역을 향하여 무심하게 달려갑니다.

이런 우리의 마음을 아는지 모르는지
가을은 쌀쌀해져만 갑니다.

아침 찬 이슬 시큰한 갈바람에
감기 조심하시고 주어진 것에 감사하는
축복된 하루가 되시길 바랍니다.

가을 향기

깊어 가는 가을 햇살 아래,
반가운 친구의 얼굴을 떠올리며
소슬바람 타고
가을 향기를 전하려 합니다.

조금은 쌀쌀해지는 바람에
어린 시절
우리의 동심 속 그리움을 담은
가을 향기를 보내렵니다.

불어오는 바람을 벗 삼아
친구가 외롭지 않게
내 마음 깊은 곳에 있는
가을 향기를 띄워 보내봅니다.

친구야!
11월 첫날 아침
가을이 다 가기 전에, 사랑과 우정을 담은
이 가을 향기를 기쁜 마음으로 받아주세요.

단풍

가을이 깊어 가고 있다.
나지막이
어깨 위로 들려오는
가을이 깊어 가는 소리!

맑고 푸른 하늘에
고추잠자리 날고
오색 빛깔 단풍잎 곱게 떨어져
눈앞에 닿을 듯 아른거리니
벌써 마음이 싱숭생숭

가을이 깊어 가면
사랑하는
고향 친구와 주말
팔룡산 등산을 하고 싶다.

산행을 마치고
고즈넉한 주막에서
막걸릿잔 기울이며
만추에 가을을 만끽하고 싶다.

우리들에게 봄

밤새 봄비가
세차게 내리더니 파아란 하늘을
드러내면서

진해는 벚꽃 천지로
온 시가지가
하아얀 눈처럼 내린 풍경이다.

경화역 공원을 걸어보니 결혼을 앞두고
사진 촬영하는 청춘 남녀의
하얀 드레스가 봄바람에 휘날리더라.

꽃이 피면 같이 웃고,
오늘도 카-톡 꽃 편지 보내며,
앙가슴 두드리며 뜬구름 흘러가는
경화역 길에 봄날은 간다.

'우리들에게 봄이 얼마나 남았을까?'

계절은 봄이지만 우리들에게 봄은
적석산 밑 언덕배기 봄 소풍 가는 추억!!
오래전 아련한 기억이다.

덕동항

아침 덕동항은 푸른빛이 흐르네.
흐린 안개는 바닷빛을 그을리며 아침 덕동항은
고요하고 적막하네.
바다 위 나룻배는
주인을 기다리고 코로나바이러스
시끄러운 세상을 청둥오리는 아는지 모르는지,
한가로이 나룻배 사이로 세월 흐르는지 모르며
노니는구나.

동심의 봄날 추억

고향 4월의 봄은 부지런한 사람에게
새봄의 기쁜 선물을 안겨준다.

불어오는 꽃바람에 작은 바구니 하나 들고
산으로 들로 나서면 아지랑이 아롱거리고

고향 봄날의 옛날 기억은
작은 새싹들이 빼꼼 빼꼼 고개를 내밀던 내 어릴 적 봄

따뜻한 봄 햇살에
산, 들을 찾아 바쁘게 움직이던 그 어린 시절의 추억,

냉이 달래 두릅 햇잎 머위 잎 등
산뜻한 봄나물 내음으로 풍족한 하루였다.

바람 불어 풍겨오던 고향 산야는

봄나물 보물창고로 아련한 추억이다.

지금 생각해보니 옛날 우리의 소중한 먹거리
그때 그 시절, 풍족한 고향 산야는 그리움으로
4월을 시작하는 아침의 내 마음일 뿐이다.

4월은~

온통 꽃들이 아름답게 피고 지며 연초록 새순이 돋아나고

싱그러운 예쁜 나뭇잎들이
햇살에 반짝이는 4월이 지나갑니다.

4, 7 서울시장 부산시장 보궐선거로
전국에 민심이 요동치며 전 국민 관심사도 지나갔습니다.

4월을 보내며 나는 문득 안부를 전하는 친구가 있다는 게
얼마나 다행스러운 일인지

내가 안부를 물어보고 친구가 있다는 것이
얼마나 큰 힘이 되는지

카톡을 보내주는 일이 내가 즐겁고 늘 카톡을 받아보는 것이
또한 늘 정겨움을 느끼는 것이기에

이것 또한 혼자가 아니라는 우리의 모습이 아닐는지~
나 혼자가 아니라는 것을 일깨우는 사람,

"바로 사랑하는 친구이지요?"
4월이~ 지나갑니다.

고맙습니다. 사랑합니다.

아침 풍경을 접하며~

아침 세차게 불어대던
봄바람에 내 마음이 두둥실
떠돌다가 돌아왔네요.

길가에 핀 아름답던
봄꽃들도 하나둘씩
모습이 지워지며

봄바람과 함께
떠나갈 채비를 하는 건지
힘없는 모습입니다.

가지 말라고 떠나지 말라고
아파트 울타리에, 5월에 장미는 바람에
산들산들 미소를 띠어 보냅니다.

접시꽃

장마가 스쳐 간
무더운 여름!!

그리움도 담고
사랑도 담고
바람도 담고
구름도 담고
애정을 담아서
접시꽃을 당신에게 보냅니다.

접시꽃은 보는 사람마다
자기가 담고 싶은 것을
모두 담을 수 있어
접시꽃이 아닐까 생각합니다.

오늘도 무덥지만
접시꽃처럼 고운 마음으로
세상을 담아보는
멋진 하루 되세요.

바람 소리

스치는 바람 소리
나뭇잎들 소슬거리는
시월 첫날 아침입니다.

이 멋진 가을에
은혜로운 산물들로 넘쳐나는
풍요로운 계절

설렘의 가을을
가슴에 안은 채 하늘이 주는
결실을 마음껏 양식을 채워봅니다.

계절이 주는 아름다움을 만드는
형형색색의 잎들을 바라보며
이 가을에 소중한 당신께 인사를 보냅니다.

가을의 낭만

가을바람이 불어온다.
곱게 물든 낙엽들이
바람을 타고 춤을 춘다.

풍성한 가을
향기롭게 익어가는 열매들과 살랑이는
가을의 꽃 코스모스

청명한 가을 하늘 가을은 풍성한 계절
우리도 다 함께 마음을 풍성하게 채워
나누었으면 좋겠다.

풍성한 가을의 낭만을
우리는 사랑으로
아름다운 삶을 채워가기를 바란다.

겨울맞이

단풍의
아름다움이 화려했던
가을이 물러가고

쌀쌀한
찬 바람이 불어오는
12월 겨울입니다.

올 한 해 지나온 시간을
되돌아보게 하고
마음을 정리하며

친구들도 12월은 따뜻하고
훈훈하게 행복한 겨울을
맞이하시기 바랍니다.

아쉬웠던
올 한 해도 아름다운
추억으로 남기면서

코로나,
감기 없는 건강한
12월을 보내시길 바랍니다.

벚꽃

벚꽃은
하얗게 웃으며
우리 곁에 다가오네!

벚꽃은 올해
조용히 피어서
미소만 보내고 있네!

눈을 지그시 감으며
행복한 이 꽃길을
하루 내내 걷고 싶네!

벚꽃 사랑을
내년에는 와자지껄
거리며 걷겠네!

벚꽃 잎이 날리면
나는 소년이 되어
꽃길을 거닐고 있네!

꽃길

꽃잎 사이로 동녘에 붉은 태양이
솟아오르면 나의 아침은 어느 때보다
향기롭습니다.

겨우내 생사를 알 수 없던 나뭇가지가
푸른 잎이 움트면서 고이 간직한 생명이
꽃잎으로 피어났습니다.

여리디 연한 분홍빛 꽃잎들은 온 세상을
물들입니다.
내 황혼의 노래를 거두는 사람이여,
내 외로운 꿈속 깊이 사무쳐 있는 그리운 사람이여,

태양이 솟아올라 고요히 불어오는
바람 속에서 나는 소리 높여 노래하며
꽃길을 걸어갑니다.

사랑하는 그대여, 내 영혼은
그대 기쁜 눈가에서 다시 태어나고
그대 마음의 눈빛에서 다시 시작합니다.

비

비가 오니까
오늘은 분위기 있는 날이야!
기다리는 손님이 찾아온 느낌이다.

어제는
친구들이 무학산 청계산 통도사로 향하여
자연이 준 계절의 향연 속에 사색을 즐기고

오늘은
비 오는 날 핑계 삼아
또 막걸리 파전 등 낭만에 잡혀있는지

인생은 흐르는 물과 같다.
커피 향이 짙은 창가를 바라보며
빗줄기 사이로 친구들이 그리워진다.

거창 출렁다리

그대와 단둘이서 외솔길 따라
우두산 산속에 들어서니
짹짹 지지 베 베 지지 베 베

산새들이 반갑게 마중하여
유월이 주는
청량감을 느껴본다.

우뚝 솟은 기암괴석은 천년의 도도함과
웅비를 더 하고 푸른 나뭇잎이 살랑살랑 흔들리며
바람이 불어온다.

우두 산상봉에 이르러니
느지막한 오후
나뭇잎 사이로 태양이 비추어 오네

와이 자형 출렁다리에
그대와 사랑을 마음으로 몸을 싣고
훨훨 하늘로 날려 보내니

천년의 기암괴석 사이로 떨어지는 폭포의 물소리는
아름다움을 더하고 물줄기는 사랑 되어
천 년의 바위 사이로 흘러간다.

진해만 여름 바다

저 바다이고 싶다.
대지 위 내린 비가 세파에 찌든 마음을
씻어 바다로 가면 새롭게 파랑으로 물들여 넘실대는

저 바다이고 싶다.
바닷바람이 이마를 스치며 머리카락을 간지럽히고
출렁대는 파도 소리가 들려주는 파도의 노래

저 바다이고 싶다.
여름이면 찾아와 인생살이의 휴식처
바다에 뛰어들어 저 바다에 풍덩 물들고 싶다.

저 바다이고 싶다.
바다 위에서 파도를 타고 물살을 가르며
출렁 출 울렁대며 여름을 함께 보내고 싶다.

논두렁 길

9월을 시작하며
창밖에는 가을이 반갑게 인사합니다.
약간의 설렘과 여유 있는 삶
그리고 풍요로움이 함께 오는 것,

영글어 가는
가을 황금 들판을 바라보며
논두렁길을
걸어갔으면 합니다.

세상사에 두런두런
이야기꽃을 피우며
둥근 달빛에 어슴푸레 미소 지으며
한참을 걷고 싶습니다.

기러기에
안부 묻듯
내가 그대들에게
소식을 전할 수 있어 행복합니다.

높은 하늘

시월의 높은 하늘을 바라보며
구름이 높이 올라 푸르름이
가득한 하늘입니다.

아침 가을바람이 머물다간
나뭇가지 위 고추잠자리가 사뿐히
앉아 누구를 마중하는지

시월의 그리운 사람을
소리 내어 불러보고
노을빛으로 들판의 가을이 익어갈 때

시월을 맞이하는 이 시간에 있어서
한 줄기 바람이 이마를 스칠 때 가장 행복한
순간이기에 작은 목소리로 기도합니다.

꿈을 꾸어도 20대 꿈처럼
아름다운 소망의 송이송이 열매 맺어
행복 가득 찬 시월이기를 소망합니다.

가을 풍경

가을이 낙엽에
손짓하며 슬퍼한다.
골목길 어귀마다 낙엽이 우수수
바스락바스락 발길 밟히고 저마다
나무들은 옷을 벗는다.

앙상한 나뭇가지마다
겨울 울음을 난다.
봄을 기다리며
찬바람 맞서 싸우며
긴긴 겨울잠을 준비한다.

흰 눈 날리며
고드름이 주렁주렁
매달리는 겨울을
기다린다.
겨울이 지나가면
새봄을 기다리는
마음으로
가을이 저물어 간다.

매화나무

매화나무에서 봄 꽃망울 터지는 소리에
귀 기울여 보세요.

귀염둥이 어린아이 웃음소리처럼 해맑게
들려오지 않나요.

공원이나 주변에 행복의 오솔길
사뿐히 걸으면서 봄을 마중해보세요.

오늘도 일상을 기쁨으로 채우고
행복으로 시작하는 날들이면 좋겠네요.

봄이 가까이
왔음을 알립니다.

겨울을 무사히 넘긴 주변 나무들도
소리 내어 기지개하네요.

여기저기서 봄 오는 소리가
들리는 밖으로 나가 봄을 마중해야겠네요.

바위 소나무

지난 가을 바람에 날린 솔방울 씨가 웅비한 바위틈에 앉아
빗물을 먹고 새봄에 싹을 틔웠습니다.

비 내리지 않으며 타들어 가는 목마름을 견디며
살아야 하는 생각으로 눈물을 받으며 버티었습니다.

긴 세월을 바위와 벗 삼아 버티어야 할 운명
어린 푸른 잎 소나무는 기구한 운명을 받아들입니다.

어린 소나무도 연약한 뿌리를
바위틈에 기대어 살아갈 수밖에 없어
바위와 긴 이야기를 나누며 옆을 내어주었습니다.

소나무 씨앗이 그러하듯 자연스런 삶의 순리도
태생의 위치에 따라서 때로는 타협하고
때로는 받아들이는 것이 아닐까?

인생이나, 자연의 생물들이 생존하는 것이
고난 속에 더 강렬하게 삶을 열망하게 하는 것 같습니다.

장미

붉은 장미의 계절!
초여름의 길목에서
매혹적인 장미는 활짝 웃고 있네.

부서져라. 웃어주던
강렬하고도
향기로운 날들

가시를 가지고도
떨쳐 낼 수 없는 진한 향기는
머릿속에 머물고

하나둘 잎이 빛을 잃으며 떠나니
향기로 가득 채운 강렬하고 붉게 타오르던
그대는 기억 속에 살아남는다.

산딸기

이슬비를 머금은 붉디붉은 산딸기는
거친 산속에서 햇살을 받아 꽃처럼
열매를 맺어있구나

산딸기야! 봄을 지내고
새들의 노래를 들으며
달콤함을 채워 온 예쁜 산딸기야!

산딸기야! 너는 나의 입안에 가득
쏟아부은 산딸기는 목 안으로 퍼지는 풍미가
행복함으로 가득하네.

이렇게 맛있는 산딸기를 누구에게
가져다줄까? 오손도손 이야기꽃을
피우며 미소를 보낼까?

붉은 산딸기를 벗들에게 드리고 싶지!
우리 벗들은 산딸기를 보고
웃음 지어시겠지.

보문호수

여름날의 오후!
신라 천년고도 경주 보문호수에서
도란도란 이야기꽃을 피우니

어린아이들은 더운 여름도 모르는 채
보문호수 주변을 뛰놀기 바쁘다.

여름날의 오후! 태양이 보문호수 비치니
찰랑찰랑 물빛에 어리는 빛의 부서짐이
반짝이는 보석처럼 눈부시다.

보문호수 주변 수양버들은
하늘하늘 바람에 춤추며 이마의 땀방울을 식히고

푸른 보문호수 위 잔잔한 물결 위로
청춘 남녀가 탄 오리 배는 시간 가는 줄 모르고
함께 출렁인다.

여름날의 무더위는 또 추억의 한 페이지를 넘기면서
그렇게 아름답게 빛나고 있다.

보문호수 한 폭의 그림 같은 풍경은
내 가슴 한편을 또 채우며 여름날 뜨거운 태양에
보문호수도 환하게 미소를 보낸다.

기다리는 마음

여름은 안녕이라고
빗방울에 못 이겨
나뭇잎을 흩뿌리며
인사를 하건만

하염없이 비가
또 내리네, 내리는 비는
창문을 두드리며
심술 짓지만

지난 칠월의 긴 장마가
끝나지 않을 것 같이
흉내 내는지, 내리는
비도 힘을 잃어가네!

이제 매미가 그렇게
더위를 피하던 나무 위에
목이 터지라 울던 노래도
작은 속삭임으로 남으며

푸른 하늘 기을바람
코스모스꽃을 생각하며
가을이 오는 소리를
기다리는 마음이다.

시월의 아침 햇살

시월의 시작하는 아침!
동녘 햇살이
초록의 숲속을 비추고

거목의 소나무와
상수리나무 사이로
거닐어보니

짙은 신록에
푸르른 향기가
마음을 진정시키네!

언덕 사이로 핀
이름 모를 꽃들도
향기를 뿜어내고

산새들은 째 잭 째 잭 노래하고
자연이 주는 경이로움에 흠뻑 빠져
내 마음도 노래 부르네!

나뭇잎 사이로 비추어진
아침 햇살은 바람 없이
더없이 강렬하구나!

길

언제나 세월 속에
어제도 걷고
오늘도 또 가야 할 나의 길

내가 걷는 이 길
동녘 하늘에서 먼동이 밝아오면
아침이면 길을 나선다.

오늘도 길을 걷는다.
가야 하는 길을 바라본다.
먼 길을 쳐다보아도

보고 싶은 사람은
오늘도 보이질 않네,
내일이면 만나겠지, 생각하면서

길 위에서 생각한다.
그 길 때문에 웃기도 하며
눈시울 젖을 때도 있고

그 길을 걸이긴다.
따뜻한 미소로 만날 날까지
오늘도 그 길을 걸어본다.

가을이 가네

가을이 뒷모습을 보이네.
구름 한 점 없이 맑고 깨끗한 얼굴로
미소를 보내며 가을이 가네.

먼 산엔
붉게 물든 단풍잎들이 살며시 낙엽으로 변해갈 때
가을은 떠날 준비를 하네.

마른 대지 위의
겨울비를 뿌리며 준비하는 서릿발 내리는
겨울이 오기 전에 가을은 길을 나서네.

달려오는 햇살이
나뭇가지 사이로 내려와 졸고 있던 참새를 깨우고
불어오는 바람에 기러기들과 함께 먼 길을 떠나네.

먼 산 숲속 나무의 변해가는
모습을 바라보며 가야 할 길을 여름날의 뜨거운 사랑도
봄날의 간질거리던 사랑 두고 성숙한 여인처럼 길을 나서네.

겨울에게 의연하게 자리를 내어주고
가을은 우리에게 손짓하네.
내년에는 환한 미소로 만나자고 하네.

진해루 해맞이

강렬한 파도나
은빛 백사장 없어도
잔잔한 호수 같은 진해 바다.

바쁘게 살아온 한 해를 보내고
새해 아침에는
진해루로 오세요.

진해만 대죽도 '섬'에
부딪히는 파랑
수평선 위로 뜬 작은 배가 춤추지만

진해루는 온화한 미소를 띠며
가슴 활짝 열고 지친
아들딸들을 품어주는 곳.

진해만 파랑 일렁이는
그대여 은빛 머리카락 날리며
진해루에서 힘찬 새해를 맞이하자.

봄기운

산모퉁이 돌아가는
겨울바람
정월을 보내고

봄 문틈으로
살며시
머리를 내민다.

긴 겨울도
내 창을 햇살에게
내어주고

간절한 마음
작은 소망 싫었더니
이제 봄이 오네.

봄 여는 길목에는
설렘으로
하늘을 바라본다.

봄빛

꽃샘추위 시샘을 부려도
꽃은 피어
겨울을 밀어내고
봄빛은 창가에서
미소를 짓네.

내 사랑은
봄 햇살처럼 퍼져
산들바람의 숨결처럼 흘러가네!

봄바람이 살며시 불어오면
싹이 트고 잎이 돋듯
내가 사랑하는 사람들도 따뜻한
햇살 속에 핑크빛 꽃이
피었으면 좋겠습니다.

꽃피고 새가 울면
햇살이 따뜻한
초록빛 향연 따라서
꽃샘바람에 먼 산이
꿈틀거린다.

꽃

얼어붙었던 땅에서
녹색의 새 생명이 움트니
홍매는 봄이라고
붉은 외침을 한다.

이에 질세라 동백은
장단을 맞추어
핏빛 온몸을 추락하며
봄이라고 외친다.

이제 희뿌연 벚꽃이
팝콘같이 터지더니
봄바람에 꽃비 될까?
걱정하는 모습이다.

지는 동백꽃이
새봄 피는 꽃들에게
예쁜 꽃 피우라고 웃음을 띠며
다음 해에 만나자고
기약한다.

봄 햇살 아래

아지랑이가 눈을 어지럽히고
장독대에 핀 유채꽃에 벌이 날아들어 윙윙거리며
벌써 일벌은 가장 부지런한 농부가 되어 날갯짓하네.

아직, 아침저녁으로 이마를
스치는 바람에 옷깃을 여미는데
나무에는 새잎이 맺히고 꽃은 부지런하기도 하지
햇살 아래 꽃망울은 살며시 웃고 있네.

내 예쁜 누이의 어릴 적 수줍게 웃던 눈웃음처럼
봄의 햇살 아래 아른거리는 추억.

먼지가 날리던 신작로에 교복을 단정히 입고 깔깔대던
내 누이는 봄이 오면 진달래 개나리를 들고
학교에 가던 그날처럼 오늘도 봄 햇살 아래
가늘게 부는 바람 속에 매화의 향기는 날리네.

초여름의 풍경

새들이 지저귀는 소리에 푸른 나뭇가지는 흔들리고
한 자락 바람에도 나뭇잎은 춤을 추네.

붉게 타는 장밋빛이 저녁노을에 물들면
평온한 가정이 기다리는 집으로 향하는 시간.

싱그러움이 가득한
채소를 헹구어서 마주하던 어머니의 밥상.

마당 앞 감나무 그늘에 흔들거리는
오손도손 먹는 저녁에 나누던 이야기.

신록의 무성한 계절이 오면
풍성하게 쌓아두었던 상추 부추에서 흘러내리던

이슬 같은 물방울들이 어지럽게 아롱지던 기억!

PART 2

친구 사랑

세월

사랑하는 친구야!!
벌써 우리가 환갑이 되었구나!

지나간 삶들이 주마등처럼 지나가지만 우리가
정말 바쁘게 지내 온 것 같다.

단 하루도 예측하지 못하는 것이 우리의 삶이지만
하늘도 흐리다가 맑고 맑다가도 바람이 분다!

때로는 길이 없다가도 생기고
그러다가 또 열리는 것이 인생이다.

환갑을 맞은 설 연휴
가족과 함께 잘 보내시길 기원한다.

동심

우리 어릴 적 이맘때엔
논밭 사이 온종일 노고지리 지저귀고

겨우내 외양간에서 지루해하던 누렁소
밭둑길 봄풀을 뜯을 때

우리 어릴 적 이맘때엔
양촌 냇가 돌 틈을 뒤지면 가재도 기지개 켜며 나왔지.

어쩌다 친구들과 어울려 논물 사이로
미꾸라지 송사리를 잡아
우리 아버지 술안주 감으로 드렸었는데

지금 우리 나이 지천명을 훌쩍 넘어
회갑을 눈앞에 두고 돌아보니 모두가 꿈같고 허상 같아라!

아~ 그립다! 그 시절 그 추억
다시 못 올 나 어릴 적 추억!

5월 13일 만나서 그리움을 다시 새겨 보자꾸나.
내 사랑하는 친구아!!

정선 여행 앞두고 보고 싶고 그립다.

회갑 여행

초등학교 졸업 사진 속엔 진한
추억의 순간들이 담겨 있습니다.

잊혀진 사연들이
그날 긴 이야기로 피어납니다.

졸업 후 48년 긴 세월 동안
우리들의 아름다운 인생 조각들을

5월 13일 저녁 강원도 정선에서
꽃을 피워봅시다.

독촉

머 그리 망설이 싼 노?
가자 할 데 확 가뿌자!
'문디 머슴아 가쓰나야.'

우리 70 되모 걷지도 못할 끼라
하는 일 뜯어 채 아 삐고
놀러 갔다 오자.

지발.

동행

사랑하는 친구야!! 올해 벌써 환갑 년이 되었구나!

지나간 삶들이 주마등처럼 지나가지만
우리가 정말 바쁘게 지내온 것 같다.

금번 동창회에서 주최하는
기념행사에서 꼭 한번 만나고 싶구나!

아무리 마음의 여유가 없어도 시간 내어 우리는 만나야 한다.

이번 행사가 지나면 우리는 영영 만나지 못할 수도 있다.

저 멀리 강릉. 광양. 울산. 제주에 있는 친구도 보고 싶다.
개양 키다리. 양촌 야시. 동산 허새비. 일암 장닭.
대방 산신령. 봉암 빈대떡 신사. 대정 꽤꼬리.
꼭 ~~ 만나자!!

우리는 흐르는 세월 앞에서 그 무엇도 장담할 수 없다는

의미를 새삼 떠올리며.

4월의 마지막 주에 버스 빈 좌석들이 5명의 친구를 기다린다.
꼭 만나고 싶다. 친구야!!

만남

친구야!
우리는 동창으로 만나
그리운 사람으로 남아야 해.

얼굴이 먼저 떠오르면 보고 싶은 친구.
이름이 먼저 떠오르면 잊을 수 없는 친구.
눈을 감고 생각나는 친구는 그리운 친구.

정말 소중한 친구라면 늘 배려해 주자.
따뜻하게 대해주며 시간의 흐름 속에 잊히지 않는
소중한 인연으로 함께하자.

단풍 구경

사랑하는 친구야!!
우리가 8살에 양촌국민학교에서
만났지?

처음 인연은
하늘이 만들어주었고
그다음부터는 사람이 만들어 가는
인연이라고 하지.

사회에서 모든 열정을 다하고
이제 서로가 의지하며
세월을 보내야 할 것 같아!

11월 5일 구미 금오산
단풍 구경에도 변함없이
좋은 인연을 이어가 보자꾸나.
내 사랑하는 친구야!!

10월 마지막 밤

금오산 여행을 준비하시는
회장님! 총무님! 재무님!
관계자님! 정말 친구를 위해서 고생합니다!

친구를 좋아하면
친구도 좋고, 나도 좋습니다.

친구를 역시 아끼고 사랑하면
친구도 좋고, 나도 행복합니다.

친구를 아끼고 사랑하는 것은
곧 자기를 사랑하는 것입니다.

내 사랑하는 친구야!

보고 싶다.
그리움에 지쳐서 10월의 마지막 밤이
친구를 생각하는 밤이 되겠구려.

12월

나 어릴 적, 다시 불러보는 친구야!
올 한 해는 추억을 간직하면서도 바쁘게 달려왔지.

오늘이 12월 첫날이구나.
오랜만에 소식을 전하니 반갑네.

세월은 주마등처럼 흘러가고,
깊어가는 가을 아쉽게 보내네.

입동 지나서 겨울이 시작되는구나!
건강 조심하길 바라며,

이번 달은 따뜻함과 웃음으로
시작하여 한 해를 잘 마무리하고

12월 퇴직하는 친구들도 수고 많았고
감회가 남다를 줄로 믿네!

이제는 우리가 세상 굴레에서 벗어나 물 한 모금
나눌 수 있는 우정이 필요하구려~

친구야! 마지막 달
가족 친지들과 행복한 연말을 보내길 기원하네.

새해 아침

대망의 2018년 새해가 밝았다!

친구야!
회갑년도 지났으니
이제 건강하고 행복한 100세 시대 주인공이 되길 계획해보자!

요즘 인생 100세보다
건강 100세가 행복한 일이란다~
이제 우리가 100세까지는 38년이란 세월이 남았네.

나의 정신건강과
친구와의 소통을 위해서 매달 문자를
보내려고 마음속으로 계획해보네.

매달 반가운 소식을 38년간 100세까지
보내면 456번이 되는구나.
'건강한 백 세, 행복한 백 년'을 슬로건으로.

친구들도 보람찬 한 해가 되고
항상 건강하고
복 많이 받으시길 간절히 기원하네!

사랑

어제~ 2018년 4월 27일.
역사적인 남북정상회담이 열린 운명의 날이었습니다.
평화와 통일은 우리의 운명입니다.
그 운명을~ 우리는 사랑합니다. 기꺼이 받아들입니다.

성공한 사람들의 공통점은 자신에게 주어진 불우한
운명을 거부하지 않고 겸허히 받아들였다는 점입니다.
즉, 자신의 운명을 사랑하는 자세가
그 사람을 성공할 수 있도록 만들었다고 볼 수 있습니다.

행여나 노파심에서~
혹시 우리 친구 간에도 지난 삶에서
갈등이 있었다면 거두절미하고 갈등을 날려버립시다.

사랑하는 친구들도 건강이 불편한 친구가 10% 넘고
60대면 잘난 사람~ 못난 사람~ 없이
다 인격이 동등하다고 생각합니다.

동창회는 허 회장 중심으로 단결~ 단합하고
둘둘회는 홍 회장과 친목을 도모하며
서로서로 문자나 전화하면서
우리도 운명과 사랑으로 받아들이자.
더~ 큰 우정을 위하여 4월을 아쉽게 보내면서.

풍자

아니야
홍씨가 녹아내리면
감씨가 되고
감씨가 싹이 트면
수풀 임씨가 되지!
임씨가 자라면
나무 목씨가 되고
목씨를 걸치면
글월 문
문씨가 되지
이제 우리도 진갑이
지났으니
순영이는
문가야
군기반장?
단디해라.
내
사랑하는 친구야♡♡♡

초딩 원주 소금산 진갑 여행을 마치고 ㅎㅅ 친구가
홍ㅅㅇ이 성, 을 '문' 가로 바꾸어서, ㅅㅇ이를 생각하며~~

건강

6월은
호국보훈의 달!
여름의 길목이라고 하지요?

친구야 날씨가 점점
더워지기 시작해서 몸과 마음이 ~
금방 지치기 쉬운 계절이구나!

사랑하는 친구야!
무더위 시작되는 날씨에 건강 조심하고
항상 즐거운 마음으로 힘차게
보내시기 바란다.

그리운 친구

사랑하는 친구야! 친구가 그리워지면
문자 보내면서 마음을 달래고

서로 소식이 없으면 친구가 생각나고
이제는 서로 서로가 의지하며 지내는 인생이구나?

이른 아침! 농장에 나와서 새소리 들으면 기분이 좋고
접시꽃을 쳐다보니 마음이 아름다워지는구나!!

친구는 어떻게 지내는지?
우리의 삶도 지난 힘든 시간을 보내고
이제 접시꽃처럼 활짝 피는 인생을 맞이해야 하겠지요?

내~ 사랑하는 친구야!
오늘 하루도 기분 좋은 마음으로
행복한 일들을 우리 스스로 만들어 가자꾸나?

친구 장인상

추모의 글을
다르게 한번 써 보자.
친구야, 고인을 애도 드리면서….

옛말에 사위는
도둑놈이라 했거늘
이제 장인 장모 용돈 안 드려서 좋겠네?

부디 천당에 가셔서
카~드 사용하시라고 일러주시고~
카~드 대금은 딸내미 통장에서 결제한다고 전하여라.

슬퍼한다고 무슨 소용이 있겠는가?
천당에 가셔서 편히 쉬소서!

희망의 9월

친구야! "반가워."
무더위도 물러가고 희망을 꿈꾸는
9월 아침이길 바랍니다.

일상생활에서 작은 미소 안에서
행복을 느끼고
작은 바람이 늘 마음 안에 자리하는
9월이길 바라봅니다.

친구야!
우리의 어려운 인생길도
결국 인내와 사랑으로 헤쳐나가는
9월이길 바라봅니다.

우리의 마음속에
작은 꿈들과 행복을 나눌 수 있는
그런 9월이었으면 좋겠습니다.

사랑하는 친구야!!
죽마고우의 우정을 생각하며
오늘도 즐거운 하루를 시작하고
행복을 꿈꾸는 9월이었으면 좋겠습니다.

옛날 장터

친구야!
우리 어릴 적에 옛날 옛적에~
내 고향 대정에는 2일 7일 오일장이 열리곤 했었지?
옛날 국민학교 시절 평소에는 가난에 찌들어서
기운 옷 입고 다녀 추석, 설 명절을 기다리며 옷 사달라고
어머니께 떼를 쓰고 조르면서 따라다녔지.

장날이 다가오면 어머니가 쌀, 보리 곡식을
머리 위 다란이에 이고 나서면 행여나 뭐라도 사 줄까 봐
쫄래쫄래 따라나섰지.
아~그립다!!

그 시절 나 어릴 때 기억들이 새롭게 느껴지는구나!
친구들도 그리운 공감을 느껴 보았는지?
지금은 오일장이 사라지고
적석산 산행 후 많이 찾는
식당으로 명소가 되었지!

대정마을 입구 논 어귀
많은 물이 흘러나와
빨래하는 아낙네들이 즐비했던
기억들이 떠오르는구나!

대정은 옛날부터 땅을 아무 곳이나
파도 물이 나와서
대정이라고 마을명이 붙었다고 나는 들었네.
이제 옛날 추억들은 뒤로하고

내 고향을 지키는
우리 친구 순영, 병호, 백영이 고맙게 생각한단다.
우리 어릴 적 이랬노라고 친구야! 다 함께 생각해보자.
안양에 사는 현자는 늘 항상 고향을 그리워하며
지금 생각해보니 어릴 적 그때가 그리웠다고.

소중한 우정

아침에 기상하니 비가 내립니다.
멍~하니 친구가 그리워집니다.
친구라는 말보다 아름다운 것은 없습니다.
우정보다 소중한 것도 없습니다.

가끔 사랑이란 말이 오가도 아무 부담 없는 친구!
주위에 아무도 없어도 당신이 있으면 당신도 내가 있으면
만족하는 그런 친구이고 싶습니다.
각자의 만족보다는 서로의 만족에 더 즐거워하는
그런 친구이고 싶습니다.

사랑보다는 우정, 우정보다는 진실이란 말이
더 잘 어울리는 친구이고 싶습니다.
고맙다는 말 대신 아무 말 없이 미소로 답할 수 있고
둘보다는 하나라는 말이 잘 어울리며 상대보다 미안하다는
말을 먼저 할 수 있는 그런 친구이고 싶습니다.

아무 말이 없어도 같은 것을 느끼고,
나를 속인다 해도 전혀 미움이 없으며,
당신의 나쁜 점을 덜어 줄 수 있는 그런 친구이고 싶습니다.
잠시의 행복이나 웃음보다는 가슴 깊이 남을 수 있는
행복이 더 소중한 그런 친구이고 싶습니다.

그냥, 지나가는 친구보다는 늘 함께 있을 수 있는
나지막한 목소리에도 용기를 얻을 수 있는, 아낌의 소중함보다
믿음의 소중함을 더 중요시하는,
먼 곳에서도 서로를 믿고 생각하는 친구이고 싶습니다.
당신보다 더 소중한 친구는 아무도 없습니다.
소중한 우정과 사랑을 위해~~

동심의 세계

결실의 계절!
풍요로움이 가득한 10월 아침이다.
추석 연휴를 보내고 반갑구나?

친구야!!
우리가 국민학교 다닐 때에는
대부분 가난했지만 행복했었다.
서로 가진 것이 없었으나 나누어 주었다.

가난이 불편했으나 죄는 아니었고
노력하면 성공하고 잘살 수 있다고 배웠던 어린 시절이었다.

지금 우리는 물질적으로 이전보다
많은 것을 가졌으나 그때보다 더 행복하지 않다고 생각한다.

왜 그럴까?
아름다운 추억 속의 옛 어린 시절이 그립다.
친구들이 그립고 친구의 정이 그립기 때문일 것이다.

아름다웠던 우리들의 어린 날들이여!
다시 돌아가고 싶다.
지난 국민학교 시절로 가고 싶다.

추석 인사

유난히 무더웠던 여름이 지나고
선선한 바람이 불어오는 가을입니다.

가을을 손꼽아 기다린 만큼 좋은 일이 많이
펼쳐지길 소망합니다.

추석을 맞이하여 풍요로운 마음으로
가족과 함께 즐거운 시간이 되십시오.

파랗고 높은 가을 하늘과 상쾌한 날씨처럼
즐거운 추석 보내시기 바랍니다.

그리운 날

친구의 웃음이 그리운 날
때로는 친구를 생각하면서
지내렵니다.

순간~순간
떠오르는 기억 너머로
맑은 웃음 짓는 친구를 그리며

아침햇살~
깨끗하게 비추어 저 푸른 바다
진해만으로 혼자서 가보렵니다.

진해 해안 도로로 이어진 삼포 가는 길 따라
푸른 풀잎 사이로 풀벌레 소리 들으며

진해 바다!
저~ 멀리 수평선

산 너머로 친구 찾아 우정을 가득 담아
친구님 마중 가듯 걸으렵니다.

송년 모임

12월 초 하루~
사랑하는 친구야!
고즈넉한 늦가을의 풍경을 뒤로하고

이제 겨울의 냉기가 느껴지는구나?
겨울로 가는 길목에서~
친구에게 12월 안부를 띄워 봅니다.

오늘은 동창회 정기총회 및 송년 모임이 있구나!
우리 다 함께 참석하여 지난 우정을 나누어보자?

저 멀리
수도권 친구들!
부. 울. 경. 고향 친구들!
꼬~오옥 만나고
올 한 해 남은 날들 잘 마무리하시기 바랍니다.

이제 겨울옷을 입어야 할 때가 온 듯
날씨가 매우 차갑습니다.
건강 유의하시기를 바라면서
12월 인사를 전해 봅니다.

가는 세월

오늘 아침 날씨가 강추위로
마음도 얼어붙게 하는구나!

친구야!
환갑 년을 보내고 진갑 년이 저물어 가고 있다!

세월을 떠밀지 않아도
성큼~성큼 지나가는구나!

우리가 무엇에 그리 쫓기며 사는 건지
왜 이리도 사는 게 바쁜 건지!

멍~ 하니 저 먼 산을 바라보며
친구를 생각하며 지난 일들을 생각해 본다.

친구들과 매달 소식을 전하면서
올 한 해를 달려왔건만, 가는 세월을 잡을 수 없구나!

장복산이 세월을 넘어서
친구에게 다가가고 있구나?

저물어 가는 2018년 잘 마무리하고
강추위에 건강 잘 지키길 바란다.

새해 다짐

새해 우리에게 삶이란!!
사랑하는 친구야!

일상에서 두 번 오는 하루는 없다.
매일 우리가 반복되는 하루 같지만
같은 날은 단 한 번도 없다.

사랑하는 친구야!
새해에도 하루하루를 아낌없이 사랑하고~
후회 없이 살아가자.
날마다 멋진 날 되시고

새해! 2019년
건강하고 행복 넘치는
한 해가 되시기를 빌어 마지않는다.
사랑한다.

소원

친구야!
무술년 송년과 기해년 첫 주말이 뭣이 다른지!
아침부터 안개가 자욱하게 차분한 느낌이다.

새해!
떠오르는 붉은 햇살에 소원을 빌고
희망을 담아서 내일을 다들 기약했겠지?

사흘~ 나흘이 지난
오늘은 멍하니
친구 생각만 떠오르는구나!

우리가 나이가 되어서야
아는지
우정을 지키고 가꾸는 것도

내 곁의 내 사람으로 만드는 것도
우리 친구들의 몫이며
우리 소명인 것이다.

차분한 주말!!
친구를 생각하며 보내길 바란다.

기다림

금요일 아침 인사 합니다.
설날이 지나가고 강추위가 찾아왔습니다.

2월 초에 소식을 전했는데
세월은 야속하게 흐르는 것 같습니다.

설날은 따뜻했는데 앞으로 정월 대보름과
우수가 다가오고 있습니다.

2월에는 설날의 기운을 가지고
봄을 맞이하는 달이기도 합니다.

아직은 날씨가 춥지만 항상 건강하시고
가정에 행복 사랑 가득한 달 보내시면서

올 한 해 세운 계획들
모두 이루시기를 기원합니다.

건강

사랑하는 친구야!
새해가 벌써 중순으로
접어들었구나.
겨울은 따뜻한 마음으로
친구들끼리 서로를 감싸주는
온정이 필요한 계절인 것 같다.

새해에 우리 모두가
꼭 명심해야 할 것은
인간의 생애에서
그리고 노후의 생활에서
가장 중요한 것은 건강이라는 사실이다.
건강을 잃으면 다른 것은 필요 없다.

새해 초부터 건강에 관한 계획을
잘 세워서 실천하시라는
부탁을 드리고 싶다.
사랑하는 친구야!
내가 친구에게 전달하고 싶은 선물은
건강하길 바라는 소원이다.

동심의 미소

친구를 그립다고 말하면
더 그리워질까 봐 문자만 보냅니다.

친구를 보고 싶다고 한들
마음뿐이기에 생각만 합니다.

지나온 세월이 주마등처럼 스쳐 가지만
고마운 마음뿐입니다.

그저 생각과 느낌만으로
사랑하는 마음을 전해봅니다.

그리움 속에 담겨있는 친구에게
우리 어릴 적 동심의 미소만 보냅니다.

맑은 그리움 하나 품고
아름다운 마음으로
글을 쓰면서

사랑하는 친구와 서로에게 기쁨이 되는
고운 마음으로 매일 매일
즐겁게 살아가렵니다.

초등 동창의 그리움

양촌초등학교 모교에서 만난 우리지만
지금 이토록 애틋한 그리움이 될 줄은 몰랐습니다.

어린 시절 6년처럼 늘 함께할 수는 없지만
마음으로 지켜주고 바라보며 서로 행복을 위해
기도하는 배려 있는 우정으로 그림자와 같은 우리가 되고 싶습니다.

졸업 후 지난 우리는 혹독한 세상 속에서 찢겼습니다.
상처 입은 영혼의 날개 위에 살포시 내려앉은 포근한 위안으로
고단한 50년의 삶의 여정이 지나갔습니다.
이제는 아늑하고 편안한 우리이면 좋겠습니다.

때로는 여학생 동기는 사랑스런 연인처럼
때로는 다정한 친구처럼 서로에게 마음의 양식을 주고받을 수 있는
아름다운 우정의 사랑이고 싶습니다.

우리가 사는 동안 수없이 많은 사람들과 인연을 맺지만
친구와의 만남은 내겐 무엇과도 바꿀 수 없는
소중한 행복이기에 서로 손잡아주고 이끌어 주며
아름다운 삶의 인연으로 평생 함께 가고 싶습니다.

지금 나는 이 세상 친구 중에
초등학교 동창 친구가 가장 가까운 친구이며
진실한 -벗!!이고 최고라고 생각합니다.

바람개비

바람개비는 바람 불어서 돌아가지만
바람이 불지 않으면 혼자서는 돌지 못합니다.

이 세상 그 무엇도 나 혼자라는 생각은 버려야 한다.
우리는 친구가 있어 연락하며 삶을 영위해 나가고 있습니다.

우리는 서로서로 소식을 나눌 때 카톡이나 문자도 혼자서는 못한다.
그냥 무턱대고 친구에게 보내는 것이 절대 아닐 것입니다.

사랑하는 친구야!
이번 동창회 봄놀이도 다 함께 참여하여 우정과 사랑을 나누고
외로움을 서로서로 달래는 것은 친구이기 때문입니다.

친구와 소식을 나누고 모임도 함께 참여할 때
우리는 세상이 아름다워진다고 생각합니다.

친구가 곁에 있어서 오늘이 있으며 감사함을 알게 되고
희망이 있어 내일을 바라봅니다.

하루가 짧다면 짧은 시간이지만 우리 친구들은 사랑과 행복이
가득한 5월이었으면 참 좋겠습니다.

태안 여행

친구야!
좋은 아침입니다.
황금연휴의 시작입니다.

가정의 달, 신록의 계절 5월!
내일 우리에게 반겨줄
태안 문이 활짝 열렸습니다.
우리 인생에 감사로 물들이는
아름다운 5월!

이번 모임에 다 함께 참여하여
친구 간의 소박한 우정의 한마디가
메마른 관계에 생기를 불어넣을 것입니다.
마음에 담긴 우정 어린 한마디가
우리를 행복하게 할 것입니다.

내일 우리가 만나
웃음꽃으로 즐거움을 더해가는
멋진 하루를 기원해 봅니다.

추억 여행

오늘은 어린이날!
봄의 따뜻한 햇살 아래 앙증맞은
새싹들은 싹을 틔우네요.

온 세상이 초록과 연분홍으로
물들어가는 신록의 계절 5월에
보고 싶은 친구 얼굴 그리다
어젯밤 뜬눈으로 지새웠네요.

오늘 설레는 마음으로 태안 튤립축제
가는 길은 어린 동심으로 돌아가고
흐르는 세월에 또 언제 반가운 얼굴 보며
환하게 웃는 날이 올지 기약할 수 없지만

정답고 소중한 친구 얼굴 보면서 가슴에 소중히 담아,
흐르는 세월 앞에 간직하려 합니다.

반세기 지나 정확히 50년이란 긴 세월 어릴 적 내 동무
그리운 얼굴 만나러 갑니다.

정선 원주 태안으로 이어지는 우리들의 만남이
영원히 기억해야 할 추억 여행이 될 거라고 생각해봅니다.

5월은

5월은
근로자의 날!
어린이날!
어버이날!
스승의 날!
부부의 날!
삶의 의미를 생각하는
가정의 달!

5월은
감사함을 생각하는 달!
태안 튤립 축제 동창생 여행도
이제 아름다운 추억으로 간직하며
5월이 흘러갑니다.

소중한 사람 되새기는
5월의 마지막 주말이네요.
갑자기 무더위가 닥쳐 혼란스럽지만
친구야!
건강관리를 잘하시고
즐거운 날 되세요.

자신의 삶

친구야! 60대의 우리가 인생을 살면서
가치 있게 사는 것은 어떤 것일까요?
그리고 60대에 보람 있는 인생은 무엇일까요? 생각해 봅니다.

그것은 우리가 판단과 선택을 잘할 때
"가치 있고 보람"을 느낀다는 것입니다.
어떤 사람이든 행복을 추구하고
'가치 있고 보람된 삶'을 살고자 합니다.

개인의 생각과 꿈에 따라
행복한 삶과 보람된 인생의 정의가 달라지겠지만,
"인생 불변의 법칙"처럼 변하지 않는 한 가지가 가치와 보람입니다.

우리는 가족과 친구를 섬길 때 다른 사람에게 선을 베풀고 행할 때

그럴 때 우리가 60대 인생에서 삶의 '참된 가치와 보람'
그리고 행복을 느낄 수 있다고 생각합니다.

우리가 '봉사든 배려든' 선을 행하고 판단과 선택을 하는 것은
상대를 위하는 것이기도 하지만

친구야!
60대 우리가 자신의 삶에 최선을 다하기 위함이라고
생각해 봅시다.

양촌 22 방송

양촌 22 방송이
아침 7시에 여러분을 찾아갑니다.

기쁨 소식이나 세상 돌아가는 정보
여행 사진 아름다운 미담을 올려 주십시오.
이제 우리들의 놀이터가 대화할 수 있는 삶이
카톡 여기에 있습니다.

우리가 나이는 들어가도 만나지 못하고
카톡 소식에 외로움을 달래보는 현실입니다.
친구가 카톡에서 움직이는 모습을 보여주면 희망이
곧 우리의 생기가 될 것입니다.

특히 수도권 친구들도 기쁜 소식을 부탁드립니다.
눈 팅만 하지 말고
오늘도 기쁜 소식 기다리겠습니다.

나는 안 해도 되겠지, 모두가 생각하면
양촌 22 방송은 결국 문을 닫게 되겠지요?

사랑하는 친구야!
우리 다 함께 참여하여 소식을 모아
즐거운 한마당을 만들어 봅시다.

송년

12월이 시작되었습니다.
바야흐로 겨울로
접어드는 12월!!

벌써 2019년의 끝자락입니다.
친구! 올해 아직 채우지 못한 행복
가득 채우시는
한 달 되셨으면 좋겠습니다.

행복은 그 사람이
마음먹은 만큼 온다는
말이 있습니다.

친구야! 날씨도 추워지고
경제도 어렵지만 한 해를
잘 마무리하시고

친구에게도 좋은 소식이 많이
찾아가는 행복한
12월 되시길 소망합니다.

2020년 1월 1일

사랑하는 친구야!
2020년 새해가 밝았습니다.

지난 한 해 동안
친구들과 함께 카톡으로라도
안부를 물어보면서 지내와서
참으로 행복했습니다.

2020년 올해도
변함없이 서로 연락하면서
사랑과 우정을 이어 나가자.

부디 몸 건강하시고
가정에 더~ 큰
행복이 이루어지길
바랍니다!

설 연휴

사랑하는 친구야!

가족과 함께
즐거운 명절 설 연휴를
잘 보냈는지요?

이제 2월의 문턱에서
추운 겨울이 지나가고
입춘이 문밖에 기다리네요.

신종 코로나바이러스가
세상을 떠들썩하게 하니
몹시 우울하시겠지요?
잘 극복하시고

따뜻한 봄을 기다리는
설레는 마음으로
2월을 맞이해봅시다.

소식

나는 아침마다 친구가 생각나고 보고 싶고
그리워하는 친구가 있다는 것은 참으로 행복합니다.

친구가 매일 전해오는 메시지
사진 동영상을 보고 즐거운 하루를 매일 시작하고 있습니다.
메인 리-더로서 아침 7시를 기다리며 설렘이 있습니다.

사랑하는 친구들을 위해 희망을 전달할 것이고
항상 좋은 날에~ 좋은 사연을 전달해주는 역할을 할 것입니다.

양촌 22 방송을 통해 나에게 매일 행복을
주는 사람은 바로 친구 당신입니다.
그동안 함께했던 순간들을 감사하게 생각합니다.

사랑하는 친구야!
현재 동기생 중에서도 몸이 불편한
친구들도 있지만 우리는 아프지 말자.
항상 건강관리 잘하고 멋지게 살아보자?

아침마다 문을 열기 위해 7시가 기다려지는 사람!!
메인 리-더 인사를 전합니다.
항상 생각만 해도 기분 좋은 친구가 있기에
오늘도 멋지게 시작합니다.

새봄

벌써 3월입니다.
어수선한 바깥 공기에
아직은 마음이
쌀쌀하기는 해도
어느새 살랑이는
새봄의 바람이 불어옵니다.
봄을 설렘으로
기다려집니다.

사랑하는 친구야!
인생사 일장춘몽이라지만,
따뜻한 봄날 속
멋지게 새싹을 틔우는
모습을 기대하면서

건강관리 잘하시고,
나른한 봄기운에도
열정이 가득한
3월 되시길 바랍니다.

회상

양촌국민학교에서 처음 만난 우리가
강원도 정선 5월 13일~14일 회갑 여행을 다녀온 지도
벌써 3년이 지났구나!

친구야!
우리가 부모로부터 빈손으로 태어났다가
결혼하여 자식들도 다 키우고
이제는 노인의 나이를 눈앞에 두고 있다.

"이제 우리가 나이가 들어서 황혼의 시기를 맞아
마음을 내려놓고 빈손으로 가는 길을 그 무엇을 바라며 탐하리오?"
서로 '희로애락'을 나누며 함께 해야겠지요?

'우리에게는 보석 같은 친구가 옆에 있으니
얼마나 복 받은 인생인가?'

호국 보훈의 달, 6.25사변 70주년
아침에 호국 영령을 생각하며…
인사를 보낸다.

삶

좋은 아침입니다.
무더위가 시작된 날씨에도
건강히 잘 지내는지요?

사시사철~
'삶'이란, 어제를 추억하고
오늘을 사랑하며 내일은 희망을 꿈꾸며
살아가는 것이겠지요?

친구야!
뜨겁고 지치는 무더위 속에서도
내가 주고 싶은 것은 바로 지금,
이 사랑의 메시지, 이 작은 편지에 당신이
오늘도 내일도 행복한 미소 지을 수 있기를 바랍니다.

'늘 행복은 가까이 있습니다'라고 하죠.

7월에도 가슴속에 아름다운 추억을 남기는
멋진 날 되세요.

영원한 우정

사랑하는 친구야!!
장마가 끝나고 무더운 더위도
오늘부터 살짝 고개를 숙이는 것 같습니다.

이번 집중 폭우로 전 국민을 놀라게 하고
24절기는 처서를 코앞에 두고 있습니다.
세월이 흐르듯 국민학교 졸업 후
51년도 흘러가고 있습니다.

오늘 아침!
나는 문득 외람된 생각을 해봅니다.
우리가 지난 51년 동안 지내오면서
우리 친구들끼리 서로 서로가 묵은 감정은 없었는지

우리가 앞으로 소통과 건강을 위한
영원한 우정을 생각하며 아래 내용을 생각해 봅니다.

지난날에 서로 생각 차이로 서운한 감정이 있었다면
이유를 막론하고 다들 마음을 내려놓고
서로가 용서 화해해야 합니다.

우리가 이제는 서운한 감정을 친구들에게
솔직한 감정을 표현하고 이해를 구해야 합니다.

지난날 열심히 일을 하다가 사회로부터 휴식
통보받았고, 서로 카톡이나 문자 전화도 하며
안부를 묻고 또한 만나야 합니다.

우리가 만나자는 친구가 있으면 시간을 내어
자주 만나서 친구들에게도 본인이 느끼는
대로 생각하는 대로 말을 해야 합니다.

이제 60대 중반의 나이로
모든 일에 감사한 마음을 가져야 한다고 생각합니다.

"우리가 사소한 일에도 항상 감사하는
습관을 갖고 편안한 마음으로 살아가면 어떨까요?"

우리가 물론 다들 문제가 없겠지만 노파심에서 지켜야 할
생각들을 본인 마음으로 기술해보았습니다.

양촌 22회 동창회 초대 회장으로
양촌 카톡 22 방송 리-더로서 생각입니다.

사랑하는 친구야!!
맞지 않는 어휘는 이해하시기를 바랍니다.

여름휴가

친구야!!
8월의 첫 토요일은 주말로 시작합니다.
새로운 출발은 언제나 기분 좋습니다.

또다시 시작된 새로운 여름이
무덥고 지치겠지만, 긍정적인
생각으로 함께하는 마음으로
기분 좋게 시작해봅시다.

사랑하는 친구야!!
"여름은 지치기 쉬운 계절이지만
가족들과 여름휴가의 여유를 느끼면서
잠시 쉬어가는 것도 좋을 것 같습니다."

8월에도 더운 날씨지만
더운 만큼 시원하게 웃을 날도
많았으면 좋겠습니다.

한가위

친구야!!
10월 1일은
추석 한가위,
국군의 날이구나.

이제 아침저녁
선선해진 바람에
가을 기운이 가득
묻어나는구나.

추석 한가위!!
가족들과 함께
마음의 꽃을 피우며
즐거움을 나누는
행복한 추석이
되길 바란다.

친구 생각

만추를 보내면서
입동을 맞이하는
낭만이 가득한 오후구나.

따스한 오후의 햇살을 받으며
냉연히 창밖을 바라보면,
고고(高古)의 자태로
울긋불긋하게
붉게 물든 산들이
나를 마주하고
미소 짓게 하는구나.

계절이 안겨주는 즐거움 속에
친구들이 생각나
보고 싶은 얼굴을 그려본다.
친구들도 오늘 행복하고
멋진 하루 되기를 바란다.

아쉬움

이공이공 년은
2월부터 코로나19로 시작하여
모두가 힘들고 어려운 한 해
마지막 달,
12월이 되었습니다.

나무 끝자락
애처롭게 매달린 단풍들마저
하나둘씩 떨어지고,
겨울 냄새가 반갑지만
왠지 아쉬운 마음입니다.

친구야!!
'마지막' 보다는
한 해의 못다 한 일들
잘 정리하며
새로움을 맞이하는 마음으로
올해 연말도 언제나
행복하게 보내기를 소망합니다.

안부

오늘도 주말이지만
겨울 날씨에 카톡으로 보내는 따뜻한 웃음
따뜻한 말 한마디 전화나 문자,

코로나로 집에서 보내는 시간 속에
우리가 친구들에게 따뜻한
마음을 나눠 주는 것,

친구들 서로 서로가 안부나 소식을 전하는
마음을 나누는 것이 '세상에서 이보다
더 따뜻한 것이 있을는지.'

'우리가 매일 카톡으로 친구들과 함께 느끼는
온기가 최고가 아닐까 생각해 봅니다.'
진정한 마음속에 친구가 있는 사람은
사랑의 향기가 있습니다.

12월도 중순을 넘어서
새해로 향해 달려가고 있습니다.
"코로나로 다들 힘들게 세월을 보내고 있지만
친구도 건강 지키면서 즐거운 주말 되세요."

인생 황금길

친구와 나는
인정 많고 풍요로움이 가득한 내 고향
양촌국민학교에서 만났으니.

친구와 나는
이제 65세 중년의 황금 인생길
그 노을 길을 잘 익어가는
과일처럼, 같이 익어 갔으면 좋겠다.

친구와 나는
꽃이 피는 봄이나 무더운 여름에도
햇볕 쬐는 날에는
같이 그늘에 앉아 쉬어가고,

단풍이 울긋불긋 물들 가을이나
매서운 겨울 한파에도 따뜻한 정을 전하며
우정을 나누고 싶다.

기쁜 날에는 두 손 맞잡고 기뻐하며
힘든 날엔 서로 안아 토닥이며 아픔을 함께하고 싶다.

그렇게 친구와 나는 함께 걸어가면 좋겠다.
100년의 인생길을 그렇게 걸어갔으면 좋겠다.

봄비

3월의 첫날
아침에 눈을 뜨니 새봄을
재촉하는 봄비가 오랜 친구처럼
포근하게 반겨줍니다.

벚꽃이 웃음짓는
3월에는 코로나가 물러가고
우리에게 봄기운이
가득하길 바라봅니다.

고향의 독립의사들을 기리며
3월에는 힘들고 어려웠던 일들도
힘차게 계획했던 일들도
잘 이루어지길 바라봅니다.

새봄의 기운으로 맑고 깨끗하게
솟아 난 샘물처럼 의연하게 겨울을 이겨낸
벚나무들처럼 친구의 삶도 건강하고
즐거운 시간이 되길 바라봅니다.

3월 마지막 풍경

새봄을 알리는
매화꽃 전령을 시작으로 새봄을 맞더니만

꽃잎을 활짝 피워
새봄 향기는 친구를 부르고 꽃향기는 '화향백리' 전하니

마지막 가는 3월은
벚꽃이 하얀 눈꽃으로 날리며 거리에 뒹군다.

이별의 세레머니를
장식하고 가시는 마지막 3월의 걸음걸음마다,

하얀 꽃잎 뿌려
곱게 가시라 하네.

봄꽃들 화려함 속에
3월은 환대를 받으면서 떠나니,

2022년 다가올 새봄은
코로나19 없는 세상에서 만나보세.

저녁 비

월요일 시작부터 봄비 오는 소리가 들리는 저녁~
내 안의 마음에도 봄비가 내립니다.

봄비 오는 저녁 아무것도 하지 않고
그저 창밖을 내다보며 하나둘씩 저녁을 알리는
불빛이 창가로 비쳐옵니다.

이제 곧 달려올 그대가 오늘도 하루의 일상이
편안했으면 좋겠다는 생각을 가져봅니다.

그대의 얼굴에 하얀 미소를
바라보고 있으면 나는 더욱 행복할 것 같습니다.

저녁에 내리는 봄비가 기다려지는 그대를 생각하며
봄비로 편지를 띄워 보냅니다.

행복의 문

사랑하는 친구야!! 저녁의 긴 밤, 오늘의 아침.
어둠은 밝음을 이기지 못합니다.
그것을 자연의 순리라고 하지만,

하루가 시작되는 평화로운 아침 풍경을 보며 문득
우리가 어디에 있는가 하는 생각에 잠겨봅니다.

먼 하늘이 밝아오는 아침에 지지배배 새소리에 창밖을 보니
어둠이 걷히고 서서히 온 세상이 눈가에 들어옵니다.

창밖은 연이어 까 악 깍 큰 새소리도 들리고
나무도 꽃도 또렷한 모습으로
하루 시작을 알리는 봄날은 가고 있습니다.

어둠은 떠나고 밝음이 찾아온 시간
오늘도 아름다운 미소로

자연의 순리와 함께 행복의
문을 여는 하루를 시작합니다.

비 오는 날

어제도 비 내리고 오늘도 비 내려서
창문을 바라보게 됩니다.

비 오는 풍경이 좋아
추억 속에 잠기며 빗소리에 친구를 생각합니다.

비 오는 날엔 무의식적으로 창문을
바라보며 친구의 얼굴을 그려봅니다.

우리 마음속에 끼인
삶의 먼지를 깨끗하게 씻겨 주는 것 같습니다.

비 오는 날에는 우울하지 않으며 외로운
내 가슴에 사랑을 심어봅니다.

비 오는 날엔
친구와 함께 빗속을 걷고 싶어집니다.

복잡한 일들을 말끔히 정리하며
맑고 깨끗한 물방울이 가슴에 가득 담고 싶습니다.

비 오는 날엔 따뜻한 커피 한 잔
친구와 함께 마시고 싶어집니다.

오월이 흐른다

싱그럽고 풍성한 오월이 흐른다.
산과 들이 푸르름을 더해 가는 아름다운 신록의 계절이다.

계절의 여왕답게 만물이 새 힘을 얻어
힘차게 도약하고 날씨는 초여름으로 내달린다.

5월은 가정의 달. 어린이날을 시작으로
가족과 함께하는 많은 일들이 지나가고
5월 30일 오후가 세월 속에 흐른다.

요즘 비가 자주 내려서
울타리에는 고개 숙인 장미가 햇살에 아름다움을 더 한다.
오월! 오월이여 안녕.

가정의 달을 외롭고 힘들게 보내야 하는
사람들에게는 5월도 아름다움이 채워지길 바라고,

내년 오월은 지금보다 더 행복하게
기억되길 바라는 마음이다.

언제나 가정에 풍성함의 오월이.
희망을 품어 채워지길 바라며
오월의 일요일 오후가 흐른다.

중년의 꽃!

친구야!
우리는 중년의 꽃 같은 인품의
향기를 지니고 넉넉한 마음을 나누며 함께 갑시다.

친구야!
지난 세월에 너무 집착하지 말고 언제나 청춘의 봄날 같은
의욕을 갖고 활기가 넘치는 우정을 지니고 함께 갑시다.

친구야!
언제나 스스로 평온한 마음 지니며 지난 세월을 모두 기억하며
추억을 이야기하며 함께 갑시다.

친구야!
우리는 기쁨의 웃음으로 남게 하며
그 웃음소리가 영원한 친구를 위한 소리로 함께 갑시다.

친구야!
우리는 언제나 행복한 마음으로 근심 없는

우리들 인생의 가장 큰 행복을 나누며
유월에도 함께 갑시다.

그곳에 가면

그곳에 가면
성웅 이순신 장군을 추모하는 군항제 기간에는
경화역 철길 주변에는 벚꽃 터널을 이루어서
전국 관광명소로 자리한 위치 옆에서

그곳에 가면
벚꽃이 지고 나면 벚나무 소나무
푸른 나뭇잎들과 수많은 크고 작은
나무들이 어울려져 장관을 이룬다.

그곳에 가면
비 오는 날에는 창문에 빗방울이 맺히며
그리운 생각에 잠긴다.
창문 넘어 노오란 꽃잎 위에 나비들이 춤추며 반긴다.

그곳에 가면
삶의 여유를 가지며 아늑한 공간에서
담소를 즐기고 주인장의 맛깔스런 요리마다
맛과 풍미를 더 한다.

그곳에 가면
오늘도 흘러가는 세월 속에 그리움과
즐거움이 교차하고 비 내리는
오늘도 흐르는 시간 속에 하루를 함께한다.

유년 시절

7월이 오면
우리에게는 유년 시절
그리움이 있다.

우리 어린 시절
7월 여름엔 친구 손 잡고
벌거벗은 몸 부끄럼 없이
냇가에 몸 담그고

작은 물고기 잡겠다고
두 팔 벌려 휘젓던
그 시절이 생각난다.

7월 시작은
여름을 향해 달려가지만
팬데믹 시대를 사는 우리는
비대면이라는 강박관념을 안고
현재 살고 있다.

친구야!
우리 인생 중년에 올여름은
이제 서로 안부를 전하며
무탈하기를 바란다.

무릉도원

사랑하는 친구야!!
더위가 더해져서 무더위를 피해서
그늘 속으로 발걸음을 행한다.

산 내들 푸른 자연 숲길
풀벌레 새 소리 계곡 수 장단에
노래를 흥얼거려본다.

산들바람 불어오면
나뭇잎 사잇길 손짓하는 햇살 드리움에
고개를 휘젓는다.

강건한 여름나기 일상을 위하여
자연의 숨결이 살아 숨 쉬는
그 품속으로 안긴다.

사랑하는 친구야!!
8월에도 나을 깨닫게 해주는
무릉도원 안식처를 찾아서
무더운 여름 잘 보내기를 바란다.

휴가

사랑하는 친구야!!
카톡이라도 보내면서 함께
7월을 보냈건만
8월 휴가철이 시작되는구나!

8월에도 좋은 관계를
만들도록 서로 노력하자.
청량산 가는 친구는
멋진 추억이 되기를 바란다!

우리 인생 머물 듯 가는 것이 세월인 것을
8월에도 복되고 귀한 날들로 가득
채워지길 소망한다!!

마중

이른 아침
가을바람이 불어와서 동녘을 바라보며 9월을 마중합니다.

사랑하는 친구야!
이제 9월이 시작되는 가을을 함께하는 아침을 맞이하는구나.

이번 달은 추석 연휴를 맞이하며
가족들과 사랑을 함께하고 지인들과 사랑을 나누는 달이지요?

이번 추석 명절도 넉넉한 마음으로 보내기를 바라며
9월도 웃으며 갈 수 있게 지내길 바랍니다.

코로나19로 힘들지만 웃으면서 행복한 마음이
늘 먼저였으면 좋겠다는 생각을 해 봅니다.

9월에도 우리는 서로가
친구를 생각하며 모두를 사랑합시다.

친구야!
사랑합니다.

카-톡

비가 내려도
변함없이 마음에 꽃을 피우며
매일 아침 꽃을 보내주는 친구.

일상을 동서남북으로
바쁘게 움직이는 삶을 깨우쳐주고
현장 사진을 모아 기쁨을 주는 친구.

하는 일마다 안고 지구촌 방방곡곡
소식들을 동영상으로 전달하여 세상살이
웃음거리를 주는 친구.

보일 듯이 놓칠 듯이 아물거릴 때
이 산 저 산 번개같이 다니면서
희망을 주는 친구.

친구들 뭘 하나 보면서 친구 소식 궁금해
뭇 내 아쉬워서 웃음거리를 한 번씩
빼꼼 올려 보는 친구.

친구들의 소식이 반가워서
매일 매일 소식들을 눈-팅 만하면서

빙그레 미소 짓는 친구들.

양촌 22방송 카-톡은
우리들의 희망이요
삶의 놀이터입니다.

다 함께 참여합시다.
카-톡으로 인한 행복은
우리의 인생에 큰 선물입니다.

100년의 삶

"떠오르는 아침 해와 시작하여
아름다운 저녁노을이 질 때까지

창공에 새들은 하늘 높이 날고
꽃들은 저리도 화사하게 피었습니다."

우리는 평생을 긴~여정으로
생각하지만

한순간에 지나지 않는 시간일 터인데.

우리는 100년의 삶을 1000년의
꿈을 꾸며 영원할 것처럼 사소한 것에 미련을 가지네.

어느덧 유월의 문턱에서 깊은 상념에 잠겨서
시 한 수를 읊조리네.

친구에게 보내는 글

여보게 친구! 축하하네.
'인생 2모작' 에세이가 친구들에게 감동을 주네.

거울 속에 우리는 어느새 늙어있고
마음속의 나는 그대로인데 어느새 세월은 중년을 훌쩍 지났구나.

미래의 희망!
학생들의 교육을 잘 마무리하고 지역사회가 필요로 하는
사회서비스를 이어가는 친구가 자랑스럽다.

자랑스러운 친구!
'인생 2모작' 설계를 다시 하는 친구의 인생이 활짝 필 날이 있다는
긍정의 희망으로 전화 속의 통화는 항상 나를 흥분하게 했지.

사랑하는 친구!
우리는 바람처럼 물처럼 삶이 우리를 스쳐 지나간다고 해도,
사는 날까지는 열심히 '인생 2모작'을 위해 매진해 보자.

그때 그 시절
그렇게 살았다고 이야기하게.
다시 한번 장려상을 축하하고
"장려상이 인생살이 '대상'이다."

"사랑하는 친구야!"

친구 얼굴

하늘은 높아가고
바람이 스산하게 스칠 때
햇살의 고마움으로 미소 지으며
마음은 깊어가네.

멀리 있는 친구가
생각이 나면 소박하게
열심히 살아가는 친구 얼굴에
미소가 넘쳤으면 좋겠다.

어린 시절의 나를 만나고자
나무여 바람이여
영원을 향한 그리움을
친구를 향해 보내본다.

세월이 흐르는 건 아쉽지만
새로운 것으로 채울 수 있으니
참 고맙구나.

아름다운 가을!
환하게 웃어주는
햇살의 고마움으로
모든 친구들에게 사랑을 보낸다.

그리운 벗이여

새해 아침!
시간 속에서 생각나는 친구가 있다는 건
얼마나 향기로운 일일까?

친구가 그리워지고 보고 싶다는 건
얼마나 즐거운 일일까요.

친구로 인하여
새해 인생길에 아름다운 이야기를 가득 채워가며
살아갈 수 있다는 건 얼마나 귀하고 고마운 일인가?

가까이 멀리
아주 멀리 보이지 않는 그곳에서라도
생각나고 아롱거리는 그리워지는 친구가 있다는 건
아직은 내가 살아 있다는 느낌을 주는 기쁜 일이 아닐까.

언제나 힘이 되는 그리운 벗이여!
그대 있음에 나의 새해 아침이
풍성하고 아름답다는 걸 잘 알고 있답니다.

초등 동창 봄 야유회

이른 아침에 설레이는
마음으로 구름 따라
바람 부는 데로 흘러
우리 친구들을 만났네.

우리가 함께 다니던
고향길 국민학교를 지나
서산을 향하는
길옆 노상에서
아침 식사는 옹기종기
모여 봄나물 향기에 취한
어머니 밥상 같았다.

이제 친구들도 곱던
얼굴엔 잔주름 늘어가고
마음은 아직 청춘인데
가는 세월을 막을 수 없구나.

다행히 아직도 두 발로 걷고
친구들과 술 한 잔 나눌 수 있고
가슴엔 사랑이 남아있으니
감사하는 마음으로 살아가세.

수도권에서 참석한
친구들께 감사하고
오늘 봄나들이 함께 하지
못한 친구들도~
다음 기회에는
꼬~옥 만나기를 부탁하네.

회장님 문행순 변회석
임원진 수고하셨고
맛 나는 음식을 준비해 주신
친구들께 고맙다는
인사를 전하네.

생동감 넘치는 봄날!
사랑하는 우리 친구들
늘 ~
건강하시고 활기찬
나날 되시기를 바라며
오늘도 우리가 추억의
한 페이지를 남기네.

동창회

사랑하는 친구야!
지금 우리가
두 다리로 멀쩡히 걸어 다닐 때
4월 29일 봄날
망망대해 동해 구경하면서
맛난 거 찾아다니며 먹고 노는 것이
우리는 큰 행운입니다.

지난 삶을 잠시만 되돌려보면
주변에 황당한 일이 생기더라고요.

예전에 멀쩡하게 아침마다 카톡 인사 보내고
가끔 술도 한잔하는 마산 '지대'를 보내고

부산 '양희'도 졸지에 심장마비로 저세상에 가버렸지요.

우리 모두 나이 70~80이면
모든 일상이 변하고 건강하다고 자랑해도
90이면 소용없습니다.

流水不復回(유수불복회)
흐르는 물은 다시 돌아오지 않고,

지금 현재 함께 어울리는 것이
우리들의 현실이 아닌가요?

그러니까 지금같이 이빨 성할 때
맛난 것 많이 먹고 걸을 수 있을 때 열심히 다니고
눈으로 볼 수 있을 때 실컷 구경하고
귀가 들릴 때 듣고 들어야 하며
베풀 수 있을 때 남에게 베풀며
즐길 수 있을 때 마음껏 즐기는 게 최고입니다.

이것이 인생길 후반 잘사는 방법 아닌가요?

언젠가 못 보고 못 듣고 못 먹고 못 입고 못 걷고
내 손으로 아무것도 못 할 그런 날이 올 겁니다.

누구를 미워도 말고 모두 번개처럼 참여하여
신나게 놀아봅시다.

친구야!
4월 29일 다 함께 참석하여
우리들의 꽃 피는 봄날을 만들어봅시다.

PART 3

보금자리

고향 생각

양촌 내~ 고향은
어머니의 품 같은 그립고 정든 곳

내 사랑하는 친구들과
따사로운 어린 시절을 보내면서
꿈을 키워왔던 내~ 고향!

마음속에 깊이 간직한 정서적으로
안정된 양촌에는 자애로움 넘치고
앞에는 적석산 뒤에는 금강산에 정기가 흐른다.

추수하는 가을엔 양촌 들판에 풍요로움이 가득하고
여름 양촌 냇가에선 물장구치며
즐거운 웃음을 출렁이던 때가 그리워진다.

내 고향 양촌은 예부터 물이 좋아 양촌 온천이 있고
양촌 숲의 수백 년 된 고목들이 동네를 평온하게 하여
고향 향수의 그리움이 저절로 샘솟는다.

독립운동의 함성과 4.3 삼진 의거의
정의를 목 놓아 뿜어내어 역사의 성지로
8 의사 영령들이 깊이 잠들어 있는 곳

영원하고 자랑스러운 양촌 내~고향을
만만 대대로 가슴속에 품고 사소서.

고향 생각에 잠겨….

그리운 내 고향!!

아침에 일어나 창문을 열고 저 멀리 고향 하늘을 바라본다.
파아란 하늘을 바라보며 얕은 햇살 사이로 불어오는
가을 바람에 그리움에 잠긴다.

고향 동산 마을 앞에는 물 좋기로 소문난
온천들이 즐비하고 온천수 물안개는 구름같이 높이 흐른다.

양촌 마을로 들어서니 4,3 삼진 독립 의거 정의로운 함성을
목 놓아 뿜어내던 8 의사 영령들이 잠들어 있는 역사의 성지가
수백 년 된 양촌 숲과 어울려져 고향의 자존심을 지키고 있다.

개양 마을에는 어릴 적 마을 수호신 정자나무가 한결같이
고고한 자태로 서 있고 우리의 사랑과 추억이 듬뿍 담긴
양촌국민학교도 변함없이 소박한 모습으로
현대의 문화 예술을 포용하는 미술관으로 변해있다!

옛날 5일마다 장터가 열리는 대정마을 고향 풍경은
정겨운 방앗간 소리와 양조장 앞 막걸릿집에는
왁자지껄하고 사람 사는 냄새가 풍기며
시골 장터의 풍경은 눈이 시리도록 그립다.

황금빛 벼들이 물결치고 풍년가가 들여오는 고향의 행복 들판,
고향은 우리들의 땀방울도 버들가지 소슬바람도
시원하기만 했던 풍요로운 들녘이다.

봉암 마을로 들어서니 조선 시대 창건한 수발 사절은
고요함 속 심신을 달래는 중생들의 애절한 소리가 귓가에 맴돈다.

산기슭을 돌아 일암, 대방마을에는 적석산 정기가 흐르고
곱게 물든 가을의 단풍이 반갑게 마중한다.

'내 고향 그립습니다, 가고 싶습니다.'

가을이 오면 마을 마을마다
나에게는 고향의 향수와 동산 양촌 개양
대정 봉암 일암 대방마을 사랑 주머니가 내 가슴을 후벼 판다.

가을바람 타고 불어오는 고향의 향기에 코가 시큰하게 아린다.
배산임수 산야를 둘러싼 평화로운 고향 마을은
어릴 적 추억들이 그리움의 병이 되어 가슴에 쌓인다.

가을이 오면 온 마음이 고향 산천에 있다.
고향의 향수에 젖어서 눈물짓지만 눈가에 아련히 젖어
피어오르는 고향의 향수는 어머니 품 안 같은 그리운 곳이다.

고향

장맛비가
주~룩 주룩
마음을 흐리게 하네.

내 고향 내평마을
어득우 복숭아는
익어가는지!

장맛비가 오면
내 고향 친구들은
무엇을 생각하고 있는지?

오늘도 창문 너머
뿌우연 하늘을 쳐다보며

세월

사랑하는 친구야!! 반갑소~
친구들도 다들 비슷한 삶을 지내왔다고 생각이 들지만
양촌 촌놈이 무연고 인맥 없이 열심히 할 수밖에 없었다.

30대 40대는 매일 술자리나 사람 만남이 이루어지고
아침이면 마누라 잔소리 듣기 싫어 새벽 아침에 밖으로 나갔다.
사람들이 인사하면 부지런하다, 열심히 산다, 이야기를 들었다.

첫째 잔소리 안 듣고 둘째 부지런하다. 셋째 열심히 산다.
'일석삼조 생활을 할 수밖에 없었다.'

50대 60대는 일찍 일어나는 버릇이 되어
일어나서 움직이면 주책이라고 빈정대고 꾸지람만 듣는다.

그리운 어머니

친구 어머니가 나의 어머니이고
나의 어머니가 친구 어머니이므로 보내는 글입니다.

친구의 어머니가 아직 생존해 계신다면
어머니께 감사하게 생각하시고

만약 안 계신다면 오늘의 친구를 있게 하신
어머니를 기억하시길 바랍니다.

그리운 어머니, 5월이 오면 엄마를 불러본다.
하늘을 바라보며 엄마 불러도 대답은 안 들리고
그리움 속으로 빠져들어 갑니다.

자식들을 위해 평생 희생하신 엄마의 모습을 그려보지만,
이젠 아련한 추억으로 내 마음을 울리고 있습니다.

늘 햇살처럼 포근한 엄마의 사랑과 추억이 듬뿍 담긴
내 유년의 시절, 잘못을 저질러도 용서해주신 엄마!
모든 것을 다 품어주시고, 모든 것을 다 주고도 기억하지 않는 엄마!

그건 영원한 향수이며 아련히 내 가슴에 피어오르며,
엄마의 사랑이 담긴 밥, 된장국은 오늘따라 눈물겹도록
그 음식들이 먹고 싶어집니다.

사랑의 손길로 만드신 음식을 행복으로 배를 채우던 자식들,
지금 엄마는 한 줌의 흙으로 돌아가셨지만,

자식에게 사랑을 다 주고도 부족해서,
제 살마저 다 내어놓고 먼 하늘나라로 가신 내 엄마!

집 앞 감나무에 까치만 울어도 먼 길 떠나 고생하는 자식이라도
행여 올까 봐, 하루 종일 내심 기다리시던 내 엄마!

그립습니다. 보고 싶습니다.
5월이 오면 봄과 함께 나에게는 고향의 향수와

엄마의 사랑 주머니가 내 가슴을 후벼 파고 있습니다.
사람 사는 향기가 내 코끝을 간지럽히며
그리움의 병이 가슴에 쌓입니다.

세월이 흐르고 내가 자식을 키우다 보니,
엄마의 사랑이 얼마나 크고 큰 사랑인지 뼈저리게 느껴봅니다.
엄마는 나의 영원한 안식처이자 고향 같은 존재입니다.

내 엄마가 너무 그립고 보고 싶습니다.
엄마 엄마 불러도 불러도 대답 없는,
그리운 마음의 고향과 같은 사랑하는 내 엄마!!…

* 어버이날을 기다리며, 어머니께 영태가 올립니다.

고향 풍경

친구들
새해가 밝았네!

코로나 오미크론 모든 바이러스는 저만큼 물러가라.

벗들아!
저 동쪽 하늘에서 태양이 솟아오르듯이
우리의 기운도 계속 상승하길 염원한다.

새해 아침!
까치가 인사하는 우리 고향 동산 마을에
태양이 솟아올라 찬란하게 비추다가
대방마을 산 넘어서 넘어가겠지!

옛날 우리는
손을 호호 불며 연 날리던 양촌 들녘
논 스케이트장에서 하루 종일 놀았던 아련한 추억들

친구야!
새해 시작도 힘차게 떠오르는 저 태양처럼
찬란하게 빛나는 시간을 가지며

2022년에는 서로서로 만나서 얼굴을 바라보며 이야기를 나누는
행복이 소복 쌓이기를 빌어본다.

어린 시절 생각

적석산 새해 기운이 감돌아서
마을 사람들의 안녕을 기원하기를 바란다.

닭이 울고 날이 밝아 마당 앞 감나무에
까치가 와서 인사하니 설날 아침이다.

모두 다 기쁜 마음으로 새벽같이 일어나
세수하고 설 옷을 갈아입고

먼동이 트기 전 어둠을 헤치고
큰집 작은집 할아버지 할머니께 세배를 드렸지.

세배를 드리고 조상에게 차례를 지내며
설날에 다들 모여 떡국을 먹었지.

고향에는
지금 아련한 설날 기억이 연기처럼 피어오를지!

친구야 그때 그 시절 동심으로 돌아가는
새해 첫날이 주는 선물이다.

창원법원 상근조정위원

언제나 한결같이 함께한 벗이여!!
내가 꿈꾸던 일이 이루어져 함께 기쁨을
나누고 싶네.

친구!
이 나이에도 꿈을 이룬다는 것이 참으로 행복하다는 것을
그대가 기꺼이 축하해주리라 믿네.

법원 판사의 소송 업무를 위임받아
원고, 피고의 소송을 처리하는 업무를
하는 상근조정위원으로 이번 3월부터 임명받았다네.

주로 법률을 다루는 전문 분야의
변호사 법무사로 이루어지지만 오랜 경험과 노력으로 해왔다는
기쁨으로 혼자서 미소를 짓게 한다네.

지원서 발췌 내용

　예순이 넘은 나이에 자기소개서를 쓴다는 것이 참으로 신선한 충격이라는 생각이 듭니다.
　1996년부터 창원지방법원 민사조정위원으로서 25년 동안 수천여 건이 넘는 사건들을 해결하며 법적 지식이나 도움이 부족해 억울한 일을 당하는 사람들의 사건 사고를 보면서 오랜 시간 동안 그들이 겪었을 고통의 문제를 해결하면서 뿌듯한 성취감으로 계속하지 않았나 생각됩니다.

　아침에 눈을 뜨고 시를 쓰고 가까운 벗들에게 시를 보내고 가끔 이런 생각을 합니다.
　평화의 기도라는 시를 한번 읽어보면 사람들이 마음이 더 풍요로워지고 이타적인 사람이 되지 않을까? "분열이 있는 곳에 일치를 미움이 있는 곳에 사랑을" 베풀 수 있는 마음의 여유가 없는 요즘 세대에 안타까움을 느낍니다. 평화의 기도 시가 법원 조정위원으로 일하면서 사건들을 보면서 한 개인 개인의 역사와 정서를 알고 아침 일찍 그들의 마음을 읽어내고 어떻게 하면 따뜻함이 묻어나는 결정을 할 수 있을까, 그리고 냉철한 두뇌로 합의점을 찾을까를 생각하다 보니 25년이란 기간을 이어 왔던 것 같습니다.

　젊은 날에는 진해신문사 대표이사로 진해시의회 의원으로 의회의장으로 소방서 의용소방대장 등 활발한 활동을 했던 많은 경험과 경륜을 가진 것이 나의 재산인 것 같습니다.

처음에는 39년 전 동사무소 라면을 소외된 이웃에게 전달해달라고 했던 계기가 어느덧 정책을 결정하는 시의회 의장까지 하게 된 것 같습니다. 봉사는 타인을 위해서 시작하지만 결국은 자기 삶을 풍요롭고 행복하게 하는 것이 되어 대통령님 상도 받고 대법원장님 상도 받는 감격스러움도 있었습니다.

지역사회의 소외 계층 다문화 한부모 가정 역기능적 가정의 아동들을 돌보는 일을 하면서 그 자녀들이 사회의 한 구성원으로 제대로 자랄 수 있도록 밑거름이 되는 일을 하고 있습니다. 국가의 손이 미치지 않는 아주 작은 일을 하지만 내가 사는 지역사회가 조금은 변화되고 따뜻하고 생기 있는 곳이 되도록 노력하고 있습니다.

2022년 창원지방법원 상근 조정위원에 이력서를 내면서 25년간 이어온 일을 상근 조정위원으로 결정되면 지역사회를 위해서 민사 합의 조정을 하여서 조금 더 평화롭고 안정된 경상남도가 되도록 바라는 소박한 저의 꿈입니다.

추석

풍요로움이
가득한 10월입니다.
이번 달은 긴 연휴와
민족의
명절 추석입니다!
가족 친지들과 함께
즐거운
추석 연휴 보내시기 바랍니다!

가족에게

12월 마지막 달력을 바라보며
찬 바람 부는 날씨에 몸은 추워도 마음만은 따뜻하네.

올 한 해를 돌이켜보니!

'인륜지대사'인 사랑하는 막내아들 결혼식이 있었고
새로운 가족을 맞이하는 기쁨도 있었네.

우리 이쁜 딸
인천에는 가정이 화평하게 지낼 수 있는
보금자리가 마련되어 자랑스러웠다.

또한 듬직한 큰아들 금융 주역으로 전직하여
미래의 희망을 안고 새로운 출발의 영광에 신호도 있었다.

이렇게 늘 함께여서 '든든한 사위, 며늘 아가들이'
힘이 되고, 웃으며 항상 고맙고 행복했다고 생각이 되네.

세월의 언덕을 넘어 흘러온 인생길!~
가족과 함께한 마음만은 따뜻하구나.
내가 웃으면 세상이 웃는다고 하니

2022년을 보내면서 집안 대사들을 생각하며
행복이 가득한 미소를 지어 본다.

사랑하는 당신

사랑하는 여보!
결혼하여 지금껏 30년 이상 살아오면서 얼마나 많은 희로애락을
겪어왔던가요! 울고불고 논쟁하면서도 참고 견디며 살아온 것은
다 자식을 향한 일념이었죠?

당신의 그 깊고 넓은 마음을 이제는 알 듯합니다.
아들딸 손자 손녀를 안아보면서 당신은 말하곤 하지요
"이제 정모만 결혼해서 살면 걱정이 없겠네."

정모는 원주에서 꽤 잘나가며 일하고 있으니 곧 결혼하여
아들딸 낳고 행복하게 잘 살아갈 것이라고 믿어 봅시다.

이제 모든 걸 내려놓고 맛있는 것도 먹으러 다니고,
해외여행 좋은 곳도 자주 구경도 다니면서
오래오래 건강하게 살아가도록 합시다.

당신 여생은 오롯이 내가 책임을 질 테니 나만 믿고 따라오세요!
지금까지 함께 해주어서 고맙고 고맙소.
그리고 마지막까지 당신만을 사랑하오.
내 마누라가 되어 함께해주어서 너무너무 고마워요.
태국 여행도 즐거운 마음으로 잘 다녀오세요. 사랑합니다.

2019.12.02
사랑하는 남편이

착한 딸에게

우리 착한 딸은 말이 없고
항상 웃는 얼굴이었지.
아빠를 닮은 눈으로 소리 없이 웃음 짓던
눈동자를 굴리던 이쁜 딸!
눈이 커서 우는 것도 이쁜 아이었단다.

내 딸 수정이는
수정처럼 맑고 마음이 착해서
동네 사람들은 아빠를 닮았다고
모두가 이야기했을 때 남들 모르게 혼자서 웃었다.

어린이집 미술학원 유치원
다닐 적에도 또래 다른
아이들 밀쳐내고 항상 1등으로
맨 앞에 서기 위해 고집을 많이 부렸지.
그런데 난 마음속으로 역시 내 딸!

대학 시절에는
4년 동안 기숙사비, 장학금으로
아빠의 어깨를 가볍게 해주던 이쁜 딸!

매달 용돈을 주어도 사용하지 않고
차곡차곡 모아 저금하며

집안 생일이면 아버지 어머니 동생들
선물을 사 오는 착한 내 딸이었지.

졸업하고 유치원 선생으로 부임해서
의정부 연립주택 2가구가 함께 사용하는
방 한 칸 월세 10만 원 주고 지내게 하고
아빠가 돌아설 때 파란 먼 하늘을 쳐다보면서
발길이 떨어지지 않아 많이 슬펐단다.

지금까지 내 착한 딸!
팍팍하게 먼 길을 걸어왔으니
이제 결혼하여 외손자 외손녀 두고
행복한 가정 이루어서
김 서방과 정답게 지내도록 하여라.

혹시 살아가다가 힘든 날 있거든
아파트 창문을 열고 남쪽 밤하늘을
쳐다보기 바란다.
아빠는 늘 항상 너를 생각하며 서쪽 밤하늘
어두운 밤 별빛 속으로 너를 위해
기도하마.

큰아들아

변화무상한 세상을 살다 보니
오만가지 일들을 너무도 많이 알게 되더라.
내 아들아
오직 한 우물만 깊게 파서 맑은 물만 떠올리거라.
가훈처럼 '게으르면 못 산다' '정직하고 성실하게'
아버지 말씀도 되새기면서 날마다 지혜를 가져라.

일상의 어려움에 봉착하면 사람은 진정 빛의
소중함을 깨닫는단다.
인생은 가파른 산을 힘들게 오르기도 하는 것이라서
어떤 형편이건 견딘다는 것은 살아 있다는
감사할 요건이란다.

나도 모르게 성장해 버린 아들의 모습을 보며
기특하기도 하면서 한편으로 내 어린 시절을
회상해 본단다.
모든 일에는
어려움이 있고 순서와 질서가 있으니
자신의 이기적인 것보다 남을 생각하고 도움을 주며
어려움을 함께 나눌 수 있다는 생각을 항상 가져라.

직장 생활이 어떤 난관에 봉착하여도
나 자신은 뛰어난 능력과 잠재력을 가졌다는
정신으로 무장하거라.

그리고 자신을 아끼고 사랑하는 것이
다른 사람을 사랑하는 디딤돌이 된다는 것을 깨닫고
한 차원 높은 자신의 세계를 가꾸어 나아갈 수 있도록
용기와 지혜를 갖기를 바란다.

아들에게

이 아름다운 봄날에 쾌보를 접하니~
기쁜 마음 이루 말할 수 없구나.

원주지점 fleld에서 열정과 노력으로
네가 바라던 동원 본사로 발령받았다니
진심으로 축하한다.

동원 공채 31기로 2016년 9월1일 발령받아
2019년 3월1일 주임
2021년 3월1일 대리
2023년 4월1일 본사 발령을 재차 영광으로 생각한다.

동원 본사 marketing 업무는 기획 전략 업무로서
이제부터 '2016년 동원 입사한 심정으로 시작해야 한다.'

Fleld에서 영업 및 인간관계 업무를 배웠으니
이제 더 배울 일이 없고 요령을 피울 수 있는
시기에 적절하게 발령이 났다고 생각한다.

다시 지금부터 시작이니
자리에 안주하지 말고 더욱더 노력하여
'전국을 볼 수 있는 안목을 가꾸고 지금부터 시작이라고 생각하여라.'

그동안 옆에서 애써주신 장인어른 장모님께 정중하게
인사드리고 며눌 아가에게도 고맙다고 전한다.

현재 국내 정세나 세계의 미래가 급변하고
대 혼란의 시기에
인생이란~
먹고 사는 것도 중요하지만,
오천만 국민들과 함께 이 세상에서
꼭 필요한 사람이 되어야 한다.

전 가족이 축하하고

'이제 동원 f&b marketing을 위해
국민 가까이에서 느끼는 것이 기획과 전략이다.'라는 마음으로

최선을 다하기를 바란다.

춘삼월 마지막 날
아버지가~

민속의 명절

저물어 가는
겨울의 길목에서!
희망찬 2월을
맞이했습니다.

아직 날씨가
춥지만 활기차고 즐겁게
행복한 2월 한 달이
되시기를 기원하며

이번 달은
민족의 명절
설 연휴, 가족과 함께
즐거운 시간되시길 바랍니다.

고향 향수

사랑하는 친구야!
계속되는 무더위에 8월이 시작되는구나?
생각만 해도 기분 좋은 친구가 있기에
무더위도 걱정이 덜 되구나.

이렇게 무더운 여름날에는
우리 어릴 적 시골에서 개양 정자나무
밑에 앉아 시원한 수박을 먹으며
양촌 들판 너머로 불어오던 시원한 바람을 맞던 기억이
떠오르는구나!

몸과 마음이 지쳐도 친구를 떠올리면서
우리는 사랑하는 마음을
가져 보자꾸나?
행복은 마음 따뜻한 사람을 찾아간다지요?

사랑하는 친구야!
무더운 8월에도 사랑 넘치고
행복 가득한
한 달이 되시기를 빌어보면서
우정 어린 사랑을 전한다.

가정의 달

5월은 가정의 달!
세상에서 가장 아름다운 고통은
그리움이라 하지요.

친구도 그립고, 사랑도 그립습니다.
동심도 그립고, 부모님도 그립고,
내 사랑하는 모두가
5월에는 한 잎의 그리움으로 내게 다가옵니다.

이제 나이가 들어가면서 누군가에게
그리운 사람이 되어보고 싶기도 합니다.
내가 다른 사람을 그리워하는 것보다 다른 사람이
나를 더 그리워하는, 그런 내가 되기를 바라지요.

생각해보면 우리는 살아오면서
많은 사람을 만났고 헤어지기도 했습니다.
어떤 사람은 따뜻했고, 어떤 사람은 차가웠죠.
어떤 사람은 만나기 싫었고,
어떤 사람은 헤어지기가 싫었습니다.

하나의 따뜻한 그리움으로,
하나의 헤어지기 싫은 그리움으로,
5월을 시작해봅니다.

5월이 시작되는 첫날 아침!
누군가가 나를 그리워해 주고, 나도 누군가가
그리운 따뜻한 계절이 되었으면 좋겠습니다.
우리는 충분히 누군가에게 그리워져야 할 사람이기 때문입니다.

PART 4

상상

전화

얼마나 소박한 일인가?
영태야~~
너무 반가운데 문자를 못 해 전화했다!

지난 8월 1일 시골 여자 동창생의 이야기다.
물질 만능주의로
지식 정보화 시대에 살면서
얼마나 소박하고 인정이 넘치는 이야기인가?

사랑하는 친구야!!
그래! 우리는 여기까지 앞만 보고
육십 평생 쉼 없이 달려왔다!

우리가 이제껏 살아온 인생 중에서
즐거워 웃는 날이 얼마나 있었던가?
이제 서로 전화나 카톡, 문자라도,
연락하면서 안부라도 물어보자꾸나!

우리도 친구들에게로 행복하게
자주 연락하기로 하자.
우리 곁에 있는 친구가 행복할 때
우리 모두가 행복하다.

인간관계

친구는 목적을 두지 않는 편안한 만남이 좋다.
문득 생각나 차 한잔하자고, 연락하여 만나고

전화하면 밥 먹을 시간까지 스스럼없이 내어주는 친구
마음이 힘든 날엔 떠올리기만 해도

그냥 마음이 편안하고, 위로되는 친구.
욕심 없이 사심 없이 순수한 마음으로,

상대가 잘되기를 바라는 친구.
진심으로 충고해주면, 진심으로 고마워하고

항상 변함없이 늘 서로를 생각하는
자신을 돌아볼 줄 아는 친구가 좋다.

성공

'성공의 비결은
험담하지 않고
상대의 장점을
드러내는 데 있다.'라고 합니다.

우리의 말 한마디
한마디가 얼마나
중요한지 모릅니다.
그 사람이 사용하는
말은 그 사람의
삶을 말해주지요.

오늘 우리도 주위
사람들을 행복하게
해주는 말을 해보기로 해요.
우리 곁에 있는 사람이
행복할 때
우리는 더욱더 행복해진답니다.

인사

카~꿍!
토요일 아침입니다!
오늘도 좋은 생각을
많이 합시다.

행복은
우리 마음 안에 있습니다.
사랑으로 가득 찬 주말 되시고

깊어 가는 가을
우리의 삶에
행복이 만들어지는
아침을 시작해봅시다!

삼일절 아침

사랑하는 친구야! 오늘이 99주년 삼일절이구나?
새봄과 함께 독립하는 마음으로 마음에 문을 열어보자꾸나.
열려있는 친구 곁에는
친구들이 언제나 머무르기 좋아한단다.
지나치게 주관이 강하고 마음이 굳어 있고 닫혀 있는
친구 곁에는 친구들이 떠나는 것이다.

다른 친구들의 이야기에 귀를 기울이고 열린 마음으로
모든 사람을 대한다면 그 친구가 가까이 있고 싶어 할 것이다.
다른 이의 말을 잘 들어주고 마음을 받아 주는 사람은
겸손한 사람일 것이다.
무엇인가를 애써 주려고 하지 않아도 열린 마음으로
남의 말을 경청하려 든다면 그 친구 곁에는 늘 친구들이
머물 것이다. 자신을 낮추고 또 낮춰 저 평지와 같은
마음이 되면 거기엔 더 이상 울타리가 없으며 벽도 없을 것이다.

봄이 되면 넓디넓은 들판의 수많은 들꽃들 각기 색깔이
다르지만 어울려서 잘들 살아가듯이 그렇게 열려 있는
마음으로 편안하게 살아갈 수 있도록 노력해 보자꾸나.
들판에 피어 있는 들꽃들은 여러 모양과 향기가 달라도
서로 시기하지 않으며 아무런 갈등도 없이 살아가고 있다.

그것처럼 열린 마음은 자유로운 마음이다. 열린 마음은 강하다.
진정 강해지려면 나를 낮추고 마음을 열어두자.
어디에도 구속받지 않는 자유인이 되려면
마음을 열고 끝없이 자신을 낮추어 보자.
저 광활한 들판이 어떤 것과도 자리 다툼하지 않듯이
열린 마음에는 모든 시비가 끼어들지 않는다.

축하의 글

순아!
묵묵히 오늘이 오기를 기다리느라
누나로서 동생을 위한 마음가짐이 빛이 나는 하루입니다.

뜻하는 곳에 길이 있음을 보여주는 학위 취득입니다.
우리 다 함께 축하를 드립니다!
동생한테 전하게

소금산 출렁다리 함께한 친구들은 축하 부라보콘도 잘 먹었지!
누나 순이 덕분에 부라보콘도 박사콘이라 맛이 다르더구나!

이제 집안의 모든 걱정 다 내려놓으시고
조카는 더욱 도약할 것입니다.
세상을 위한 큰~ 등대로 빛날 것입니다!

이제 조카도 사회의 등불이 될 것이고
순아! 건강을 지키면서
우리도 의미 있는 생활을 합시다.
다시 한번 축하드립니다.

경기 침체

내~ 고장 창원에도 큰소리치는 사람 있네?
고용 부진, 경기 둔화 침체, 소비 심리 저하 총체적으로 불안이요.

곡간 채워서 돌리고 있으니 내수가 살 리가 만무하죠.
민간 부분 활성화가 안 되니 공공 부분을 장난질하고 있소.
민심이 천심이라는 옛말이 틀림없는 말이요.

봉급생활자가 회식하고 택시 타고 다녀야
시장경제가 돌아가요.

자유수출 한일합섬 근로자들 다~어디로 갔-소.
바닥이 얼어붙어 해빙될 기미가 없소.

현재 우리 주위에 물건을 잡으면
메이딘 차이나 베트남. 인도네시아 이 꼬라지요~~

자본주의 근간이 시장경제인데
세금 거두어서 공공 부분 일자리 창출?
웃기는 이야기요.

이쯤 합시다. 칭아네 죄인이한테 잡혀갈라.
친구야! 쏙이 후련하다.
내 사랑하는 친구야!!

국민 여론

내~사랑하는 서울 친구! 주말에 반갑다.
현재 낙하산 인사가 도를 넘고 있고 성질나서 안 되겠네~~

친구야!
지난번에 현 시국에 관한 글을 ㅂㅅ이가 올려서~
친구들도 다 아는 내용들이지만 공유하기 위해서
내가 4번째 댓글을 달아 올리는데~~

지난번
1. 세월호 재조사에
2. 국민 세금 공공 부분 일자리 창출에 대하여
3. 소득 주도 경제 성장 허구
4. 진보 정부의 앞날.

친구야!
친구 생각이 서로 달라도 이해하길 바란다.
나는 진보도 아니고 보수도 아닌 실용주의 중도다.
지금 세계가 급변하고 있고
현재 4차 산업혁명 시대에는 진보도 보수도 아닌 실용 노선
중도가 필요하다고 생각해본다.

현 진보 정부가 잘못된 정책으로 침체를 가속화하고 있다는 것은
부인할 수 없는 사실이다. 세금을 뿌려 소득을 늘리면
경제도 성장한다는 소득주도 성장 논리 자체가 허구라고 생각한다.

친구야!
정부가 일하기 좋은 정책으로 기업을 뒷받침해 주고
기업이 부흥하면 세금을 거두고 이것이 올바른 정책이다.
기업을 키우고 시장을 활성화하는 게 아니라
이 정부가~ 세금을 퍼부어 성장한다면서 역주행하고 있다.

최저임금을 급격하게 올려 저소득층 일자리를 줄이고
소득분배를 오히려 악화시켜 놓았다.
공정거래위원회 구상이 대기업을 적폐로 간주하고 각종 기업 부담을
늘려 산업 정책을 떨어트리는 정책이 투자를 멈추게 한다고 생각한다.
기업설비 투자가 감소하고 산업생산이 내려앉은 것은 그 결과다.

정부의 각종 지원 정책에도 기업들이 큰 관심을 보이지 않고 있다.
기업들이 경쟁력 있는 베트남, 인도에 관심 가지고 있으며
중소기업, 국내 사업 포기가 잇따르고 있다.

정부가 중소기업 특히 제조업을 활성화시키고 인재를 육성하고 고용을
활성화시키는 것이 우리가 살길이다.

진보 정부가 이 꼬라지인데~ 무슨 20년 집권 플랜이고 코미디.
이 정부는 희망이 안 보인다.

내~ 사랑하는 친구야!

국가 경제

친구야! 전희경 의원 예산안에 대한 반대토론 잘 보았다.
우리가 국정을 논할 수는 없지만
우리 현실이 안타까워 성토해본단다.

민간 부분 고용 일자리가 줄어드니
최저임금을 올려서 소득주도 성장을 펼쳐 보지만
고용 부진으로 일자리 만든다며 쓴 국민 세금 54조 원은
흔적도 없이 사라졌다.

현 정부가 집권하면 마치 통합의 시대를 열 것처럼 했다.
정권 출범 후엔 1년 3개월간의 과거 캐기에
많은 국민들이 고개를 돌리는 데 급급하다.

공무원이 현재 110만인데 김대중 정부에는 작은 정부를 구상하더니
공무원을 36,000명을 늘린다니 어이가 없다.

민간 부분 안 되니 공공 부분을 가지고 놀고 있다.
한국 경제가 현재 상황을 타파하기 위해 가장 시급한 것으로
인재 육성과 제조업 경쟁력 강화, 규제 혁파라고 생각한다.

우리 주위에 자유업을 하는 사람 몇 달이 안 가서 폐업한다.
식당 주유소 등 일할 곳도 없다. 문제가 이만저만 아니다.
이게 지금 우리 주위 현실이다.

미소

사랑하는 친구야!
아침에 일어나서 창문을 열어보니
동녘에서 유월의 햇살이 비쳐온다.

저 멀리 남쪽 진해만 바다 위로
하늘은 푸른데 시간은 멈추지 않고
오늘 하루가 시작된다.

친구야!
우리 인생은 흘러가는 것이 아니라
채우고 비우는 과정의 연속이구나?

오늘도 아침에 따뜻한 웃음으로
다 함께 창문을 열어서 행복을 맞이해보자.

내가 웃어야 내 행복도 미소 짓고
나의 표정이 곧 행복의 얼굴이다.

아침 햇볕처럼 화사하게 찾아오는 미소는
우리 집 안을 들여다보는 천사와 같다.

기분 좋은 웃음으로 집 안을 환하게 하고
유월 아침에 비추는 햇살처럼
함께 따뜻한 행복을 맞이해보자.

행복한 웃음

사랑하는 친구야!!
오늘도 행복하기를 바라는 마음속에
하루하루 이렇게 함께할 수 있음에
감사한 마음을 가져 봅니다.

친구야!
오늘의 감사함을 마음껏 나눌 수 있는
친구가 세상에 하나밖에 없는
초등학교 동창이기에 자랑스럽습니다.

환한 미소와 맑고 행복한 웃음만이
얼굴에 가득할 수 있길 소망하며
친구와 나는 이 세상에서 선택된 사람입니다.

하루가 열리는 아침부터
친구가 잠드는 늦은 밤까지 서로를 격려하며
친구가 하루하루가 행복할 수 있도록
7월 첫날 소식을 전해봅니다.

가을비

가을비가 내립니다.
소리 없이 내리는 비는 노란 단풍잎에 떨어지고 있습니다.

빗소리를 들으며 이렇게 마음이 우울합니다.
엊그제 월드컵 예선 악몽 같았던 축구 경기 상황이 생각납니다.

남북한 정상회담 시는 문재인 대통령이 평양시민들 모아놓고
"우리 민족은 평화를 사랑합니다.
우리 민족은 함께 살아야 합니다."라고 연설하였습니다.

또한 두 정상은 한반도에서 더 이상 전쟁은 없을 것이며
새로운 평화의 시대가 열렸음을 8천만
우리 계례와 전 세계에 엄숙히 천명했습니다.

스포츠 정신은
세계 평화와 자유를 얻을 때만이 참 행복이라 할 수 있습니다.
우리 축구 대표단이 미개인도 아닌데 소지품 전부 적어 내야 했고
일일이 검사받느라 공항 통과 시간이 3시간 걸렸다고 합니다.
가져간 고기 해산물 음식물도 압수당했습니다.

우리나라가 말 한마디 못 하는 국가를
뭘 믿고 국민이 따라가겠습니까? 나는 청와대나 정부에서 반드시
그에 따른 입장 발표가 있어야 한다고 생각합니다.
국민을 축구로 아나?

대한민국

정은이한테 수시로 미사일포 얻어맞고
트럼프한테는 먼 산 쳐다보듯이 따돌리고
아베한테는 정면 대응해서 싸우다가 8.15 경축사, 내용을 보니
꼬리를 슬그머니 내리고 나라가 정말 우습고 부끄러운 꼴이다.

국내 문제는 국가가 소득 주도 성장론을 펼치면서
최저임금을 갑자기 올려서 자영업자들을 망쳐 놓고
저 소득층 소득을 끌어올려 경제를 성장시키겠다고 했지만
실제로는 도리어 고용이 줄어드는 역효과가 나타나서
실업자가 태산이다.

시내 거리를 다녀 보면 온통 점포세를 내놓은 상가가 널려 있다.
대한민국 산업화시대 80년~90년대
경제 성장에 엄청난 기초역할을 기여한 베이비붐

우리 세대!!
55년생~63년생 약 700만 명이 국가를 위해서
이제는 목소리를 내어 여론을 형성해야 한다고 생각한다.

고용 부진으로 인한 얄팍한 수법으로
고용률을 높이기 위해 일자리 예산을 퍼붓고 세금으로
노인 알바 같은 가짜 일자리를 양산했지만
고용률을 높이지 못하고 세금만 축내고 실업 급여 월 지급액은
건국 이래 최고치를 갈아 치웠다.

장난치는 것도 아니고 정부는
'우리 경제의 기초체력은 튼튼하다.'라고 한다.
경제 성장률이 OECD 꼴찌로 추락했고
수출은 마이너스 행진을 계속 이어가고 있다.

이제 우리 베이비붐 세대가 목소리를 내고 들고일어나야 한다.
실업률이 최악을 기록하고 있는데
'일자리 지표가 개선되고 있다.'라고 한다.
대통령 중심제에서는 관료들은 자기 의견을

개진 못하고 정부에 맹종만 한다.

이렇게 정부는 가짜 뉴스를 통해 국민을 속이고 가지고 놀고 있다.
절대로 믿으면 안 되고 머지않아 아르헨티나 꼴이 날 수도 있다.
이제 우리 베이비붐 세대가 목소리 내어서 여론을 형성해야 한다.

일요일 아침에 서로 의견을 공유하고 정신 바짝 차리자.
국가가 잘못하는 일은 계속해서 베이비붐
우리 세대가 여론을 형성해보자?
민심은 천심이다!!
권력의 원천은 백성에게 있다.

감사 인사

친구의 따뜻한 관심과 염려 덕분으로
본인은 빠르게 쾌차하여
이제는 조금씩 보행이 가능합니다.

순간적인 사고로 어려움에 당한
본인을 위해 바쁜 중에도 불구하고
병원을 직접 방문하여 걱정해주심에
잊을 수 없는 고마움을
늘 항상 간직하고 있습니다.

친구의 고마운 정을 감사하게 생각하며
오찬 자리를 갖고자 하오니
본인의 마음을 이해해 주시기 바랍니다.
함께 담소를 나눌 장소를 마련했으니
꼭 참석해 주시면 고맙겠습니다.

행복의 종착점

친구야!
이제 서로 보살펴 주고 모자라는 부분을 채워주고
4월에도 언제나 건강하게 살아갔으면 얼마나 좋을까요?

누가 그랬지요.
인생에서는 지식보다 경륜이 삶을 윤택하게 한다구요.
우리가 온갖 고초를 겪고 산전수전 겪다 보면 삶의 지혜도 깨닫고
인생이 뭔지를 알게 되지요.

그리고 60대에
그리움은 추억이라는 것을 따로 배우지 않아도
우린 터득하며 살아갑니다.

행복을 추구하려면 배려와 희생이 필요하고,
만연의 웃음을 지으려면 마음이 순백해야 합니다.
사랑을 받으려면 먼저 사랑을 베풀어야 하고,

마음을 비우면 가볍다고 합니다.

이 세상 머무는 동안 고뇌는 멀리하고,
즐거움으로 행복의 종착점으로 날려가아지요.
4월에도 친구야!
즐거움을 만들어가기 바랍니다.

친구 생각

친구야
그리운 친구야!!
친구가 보고 싶을 덴
코로나19 무서움도
잊게 만드는구나.

여름이 벌써 시작되었는데도
날씨는 종일 잔뜩 흐리지만
친구를 만나면
우리들의 얼굴에는
밝은 웃음꽃이 가득하겠지

그리운 친구를 생각하며
향기로운 꽃길, 은은한 녹음의 길로
한 걸음 한 걸음
내 사랑을 가득 담아
오늘을 걸어가 보련다.

하늘은 구름으로 가득하지만
내 마음속에 친구를 그리네.
구름 따라 내 마음은
봉림골로 흘러가고 있다네.

휴대폰

나는 바보다!
매일 아침 7시를 기다리며
친구 생각에
휴대폰만 만지작거리며
기다린다.

나는 바보다!
비가 오나 눈이 오나
바람이 불어도~
또 친구를 그리면서
작은 메시지 하나에도 기쁨에 젖어 있다.

나는 바보다!
매일 아침
친구의 카톡을 받아보고
혼자 슬며시 웃어버리는
나는 바보다!

긴 장마

가을을 여는 9월 아침이다.
여름은 가고
어느새 가을이 왔다.

코로나19 팬데믹 위협 속에
54일간의 긴 장마까지 더해져
모두가 힘든 나날을 보내고 있지만.

삶이 때론 괴로워도
우리는 즐겁고 행복했던 그때의 추억을
그리워하며 견디고 기다린다.

이런 마음도 모른 채 얄밉게도 작열하는
여름의 행세가 사그라들 줄 모르지만
불어오는 바람은 선선한 아침이다.

"9월에도 고향 친구와
마음을 열고 카톡이나 문자를
나누고 싶구나."

꿈과 희망

태풍이 지나간 하늘!!

하늘을 쳐다본다.
높아진 하늘가에 한가롭게 떠가는 구름이 인생살이와 닮았다.

2020년 새해에는 덕담 주고받으며 웃다가도
얼마 못 가 코로나19로 울다가 다시 긴~ 장마로 화내다가
이제는 태풍으로 성내다가 구름과 같이 흘러간다.

어제는 '마이삭' 태풍으로 모두 긴장했지만
오늘은 거짓말처럼 선선한 바람과 햇살이
제법 부드러워져 가을이 가까이 다가와 있음이 느껴진다.

우리 아동들의 생활도 1년 중에 9월은
꿈과 희망이 익어가는 계절이기도 하다.
여름도 지나가고 가을이 시작이니~

코로나19도 '마이삭' 태풍과 함께 물러가고
가정 돌봄 긴급돌봄 없이 정상 운영하며
파아란 하늘 구름처럼 흘러가면 좋겠다.

고진감래

사랑하는 친구야!!
지난 한 해는 코로나로 인하여
일상이 격랑에 휘말려버렸는데
이러한 1년을 안고
우리는 또 새해를 맞이하게 되었구나.

친구야!
모두가 힘든 시기를 보내고 있지만,
고진감래라고 하니 조금 더 힘내자.
2021년에는 코로나19가 종식된
일상을 기원해본다.

친구야!
행복은 언제나 마음속에 있는 것,
새해에는
더 좋은 일들만 가득하며
행복한 한 해가 되기를 바란다.

호국 영령

안민 고갯길을 걸으니
비가 내리네!
비가 초록 나뭇잎에 떨어지네!

호국 보훈의 달,
현충일을 눈앞에 두고서
호국 영령들의 애환 달래는구나!

비님도 아는지~
2018년 남북정상회담 1차 2차를 마무리하고
이어지는 북미회담 성과를 기대해보면서

우리 모두가 통일의 그 날을 기대해본다.
우리 주변에도 이산가족들의 애환을
들어주면서 만남을 기약하고

봄비야!
주~우럭 주~우럭 내려
한 많은 호국 영령들을 달래면서
아픈 상처를 씻어 주소서.

쉬어가는 마당

친구들이 많이 문의하는 내용이
아침 7시에 어떻게 해서 정확하게 글을 올리는지?
자동으로 7시에 올라가는지?

궁금증을 풀어드립니다.
올리고자 하는 내용 기사 한 건을 보통 꼭지라고 합니다.

하루 전 세 꼭지를 준비합니다.(1시간 내외 소요)
그때 분위기에 맞는 소재를 챙겨서

그다음 날 아침 기상하여 자동으로 되지 않고
직접 손으로 7시를 기다려서 매일 올립니다.
7시, 오전, 오후 하루 세 꼭지면 카-톡방이 돌아갑니다.

댓글을 달거나 매일 정기적으로 각 지역에 특파원
5명 이상의 친구들과 매일 함께 참여하니
가능하고 또한 이 자리를 빌려서 고맙게 생각합니다.

혼자서 아무리 잘한다고 해도 친구들의 협조나
참여가 없다면 썰렁하고 빛 좋은 개살구가 되겠지요.

요즘 고향 적석산 삐알에 산신령 ㅊㅎ가 나타나서
흔드는 것도 애교로 봐주세요. 친구니까.

또 한 각지에서 내용 기사는 안 올려도 보는 게
재미있다고 전화하는 친구들도 많습니다.
현재 동창생 61명 중 45명이 참여하여 공감을 나누고 있습니다.

중년 세대~ 우리가 소통하고
유일하게 즐길 수 있는 공간입니다.
다~함께 참여하여 삶을 아름답게 만들어봅시다.

궁금한 게 풀리셨나요?
돈 들어가지 않고 친구에게 유일하게 줄 수 있는 선물
양촌 22 방송 카-톡입니다.

3 · 1절

선열들의 발자국 소리
103년 전 대한 독립 만세의 함성이 들려오는 듯하다.

유례없는 코로나19 바이러스는
2년 가까이 생활에 혼란으로 우리를 힘들게 하네

2022년 시작된 오미크론 변이의 유행이
언제까지 지속될지 국민을 놀라게 하고

3월 9일 20대 대통령선거는
이재명 윤석열 심상정 안철수 누구에게 우리의 미래를 그려볼까,

3월이라는 협곡을 넘으면
대한민국 미래가 밝게 펼쳐지기를 소망하고
웅비하는 아침의 나라로 열어가자,

마지막 달력

어느덧 달력 한 장을
남겨 놓고 생각이 잠기네
머리에는 어느새
하얀 눈이 내리고

새해 1월의 기대감으로
설레었던 날들이
눈 몇 번 깜박이었을 뿐인데
벌써 12장의 그림을 다 그렸구나!

한 달 두 달 시간이 참 빨리 간다.
늘 한 페이지를 또 접어가는 시간
그렇게 세월의 순간
우리의 시간 그리 떠난다.

세월의 언덕 넘어 흘러온 인생길
봄여름 가고 가을이여 엊그제 같았던 그 세월아!
아쉬움의 세월 속에
친구여, 겨울을 맞이하는구나!

2월은

새해 설렘임이 아직 시작 같은데
2월은 조금 부족한 듯한 작은 달이지요.

2월은 새봄을 기다리며 기쁨으로 열어나가
행복으로 채워가는 일상을 만들어보시지요.

2월은 언제나 반가운 소식 새싹을 키울
따뜻한 봄바람을 창가에서 기다리며

봄을 기다림 속에 친구를 생각하면서
좋은 일상이 이루어져 행복한 날을 만들어보시지요.

즐거운 일상을 보내면서 어느 사이엔가
봄은 조용히 찾아와서 친구들에게
미소를 안겨 주겠지.

5월

싱그럽고 상상만 해도 기분 좋은 5월
설레는 맘으로 5월을 맞으며

사랑하는 친구야!!
어린이, 부모, 스승에 대한 사랑과 감사의 달 5월이구나?

소중한 사람들과 사랑 듬뿍 주고
받으면서 행복한 한 달 보내시고

"멋진 5월 웃음으로 가득 찬 싱그러운
5월 되세요!"

5월 가정의 달! 가족들과 함께
소중한 시간 보내시기를 바라며!!

사랑하는 친구야!
이번 달에도 5월의 상큼한
아침을.

사람이 먼저다

매서운 한파로 추운 아침입니다.
'설' 이전에는 돌담에 속삭이는 햇살이 따스하게 느껴져
이대로 봄이
왔으면 했는데

어제부터 강추위가 닥쳤습니다.
인생길 굽이굽이 넘듯이 이번 추위도
잘 넘기시어 지혜롭게 극복하시길 바랍니다.

설날 휴일이 끝나고 일상이 시작됩니다.
가장 만나기 쉬운 것도 사람이고
가장 얻기 쉬운 것도 사람입니다.
하지만 가장 잃기 쉬운 것도 사람이랍니다.

물건을 잃어버리면 대체가 되지만
사람은 아무리 애를 써도 똑같은 사람으로
대체할 수 없답니다.

그래서 사람이 가장 중요한 것이겠지요.
그리고 한 번 잃은 사람은 다시 찾기 어려운 것이랍니다.

사람을 사람으로 사람답게 대하는 진실한 인간관계
그것이 가장 아름다운 일이며 진정 소중한 것을
지킬 줄 아는 비결입니다.

계묘년 한 해는 토끼처럼 깡충깡충
항상 가까이에 있는 소중한 사람을 잃지 않도록
서로 소통하며 안부 인사 많이 하시고
늘 건강 챙기는 쎈스가 많이 필요합니다.
"항상 행복 가득하세요."

2024년 12월 03일

인생의 비극은 꿈을 실현하지 못한 것에
있는 것이 아니라 실현하고자 하는 꿈이 없다는 데 있습니다.

양 진영 간 싸움으로 국민들은 피폐해지고
전국으로 요란했던 메아리는 어느덧 사라졌습니다.

현실 정치의 실상을 보면서 똑바로 흘러가는 냇물보다
굽어 흘러가는 냇물이 더 정겹고 똑 부러지게 사는 삶보다
좀 손해 보는 듯 사는 삶이 더 정겹습니다.

현 대한민국의 정치가 '적자생존'의 이념 속에 한쪽은 탄핵으로~
또 한쪽은 비상계엄선포로 나라가 혼란에 빠졌습니다.

'유수불복회' "흐르는 물은 다시 돌아오지 않습니다."

대한민국의 정치가 대통령중심제에서
내각책임제로 '적자생존'의 정치 현실을 확~ 바꾸어야 합니다.

우리 창원 시민들도 정신 바짝 차리고 앞으로는
10년 20년이 걸려도 정치 환경을 바꾸는
패러다임에 온 국민과 함께 시민들이 동참해야 한다고 생각합니다.

국민이 주인이 되는 정치 환경을 점진적으로 바꾸어서
미래의 후손들에게 물려주어야 된다고 생각합니다.

아침의 일상 속에

아침의 밝은 해가 떠오르면 새로운 날을
맞이한 기쁨으로 마음이 가득 찹니다.

오늘의 새로움을 여는 시간 속에 길을 걷다 보면
다양한 사람들과 마주칩니다.

행여나 오늘은 그 사람 만날지 못 만날지 모르지만
길을 걷는 시간 속에 그리움을 달래봅니다.

매일 아침! 동녘에 밝음이 다가오면
우연히 아름다운 풍경과 시간들 속에
길을 걷다 멈추어선 사람!

오늘도 내일도 마주해야지 생각하면서
가벼운 발걸음을 재촉해 봅니다.

PART 5

봉사와 나눔

코로나19

오늘 아침 뉴-스를 보니 대한항공에 탑승해서
이스라엘에 도착한 한국 승객을 전원 돌려보냈다고 한다.

현재 우리나라가 세계 각국으로부터 입국 거절당하고 있다.
자국민을 위해서 당연한 조치라고 생각한다.

청와대 국민청원도 76만 명이나
중국인의 입국을 막아야 한다고 했다.
우리나라 의사협회에서 중국 전 지역에서
전면 입국 금지를 해야 한다고 여러 번 정부에 촉구했다.

그런데 정부는 중국 우한 괴질을
한국 안방으로 들어오게 문을 활짝 열어 놓은 자가 이 정부다.

이미 100여 개 나라, 심지어 중국 동맹인
북한도 문을 걸어 잠갔는데 그래 놓고 하는 소리가

중국의 아픔이 우리의 아픔!
한국이 중국에 편입되었단 말인가?

우리 창원에도 한마음병원 의사 간호사도 확진으로 감염되어서
환자 보호자가 보름 동안 격리되어 감방 생활을 하고 있다.

현재 감염내과 의사들도, 턱없이 부족하고
피로도도 겹쳐 죽을 맛이라고 한다.
공중 보건의가 대체진료를 하고 있지만 걱정이 태산이다.

옛말에 호미로 막을 것을 가래로 못 막는다는 말이
새삼 떠오르는 아침이다.
이 정부는 큰일이다, 큰일. 억장이 무너진다.

(전) 진해시의회 의장.

한마음병원

한양대학교 창원
한마음병원 휴원을
매우 안타깝게 생각합니다.

존경하는 하충식 이사장님!!
코로나바이러스가 빠르게 소멸
되기를 기원합니다.

항상 봉사 정신이 투철한 이사장님!
마음 이 안타겠지만 슬기롭게
극복하시기를 간절히 소망합니다.

국가적 위기 상황에서
하충식 이사장님!
잘 극복하시고 심신이 지쳐 있겠지만
건강을 지키기를 바랍니다.

(전) 진해시의회 의장
변영태 올림

코로나 마스크 대란

코로나19가 점점 확산하면서 감염 예방을 위한
마스크 대란이 일어나 전국을 뒤흔들고 있다.

국민들은 몇 시간 동안 줄을 서고 번호표를 받아 기다려
겨우 3장의 마스크를 어렵게 구입했다고 한다.
식약처장 장관 총리는 무엇을 하는지?

국민들이 마스크 하나 제대로 사서 쓰지 못하는 이 지경,
이게 과연 정상적인 나라인가?

대통령이 마스크 대란에 대해
"국민들에게 매우 송구스럽게 생각한다."라며 공식적으로 사과했다.

앞으로 국민들이 정부의 무엇을 믿고 따르며,
정부가 펼치는 정책들을 신뢰할 수 있을까, 의문이다.

한 달 내내 코로나19,
마스크 대란이 언론 매체를 통해 국민들의 마음을 흔들고 있다.

대통령이 마스크 하나로 국민에게 사과하는 정부,
자랑스런 대한민국품격이 떨어진다.
마스크 대란이 언제 끝날지 앞이 보이지 않는다.

(전) 진해시의회 의장

이태원 클럽

5월의 봄 향기 속에
코로나19가 종식되어가는 분위기였는데

사랑하는 친구야!!
서울 이태원 클럽 확진으로 또 한 번
전국을 강타하네요.

친구야 가까이 있어도
마음이 없으면 먼 사람이고
아주 멀리 있어도 마음이 있다면
가까운 사람이랍니다.

코로나19가 우리를 위협해도
이제 60대 인생이라는
넓은 정원 속에 예쁜 꽃들이 필 수 있도록
메시지, 카톡이라도 마음을 나누어보자꾸나?

인생 2막

인생 2막을 열며~
조경기능사 자격 취득을 축하합니다.

미래의 희망 청소년 학생들을 위한
교육 봉사 정년을 마감하고,

전 세계 80억 인구가
탄소 배출 억제를 위해서 노력하고 있는
현실에 미래를 보는 안목이 남다릅니다.

지구촌 온실가스 감축하기 위해 자연환경을 보존하고
조경 나무 식재를 통해서 전 세계 인류가 지구에서
공존할 수 있는 환경을 위해 우리가 앞장서야 합니다.

그 중심에 친구의
조경기능사로서 역할을 기대합니다.

도전은 아름답고 국민과 함께 더불어서
푸른 대한민국을 만들어 가길 바라며
기사 내용 잘 읽었습니다.

성탄절

"울면 안 돼 울면 안 돼 산타할아버지는 우는 아이에겐
선~물을 안 주신다네."
울지 않으면, 착한 일을 하면,
누구나 선물을 받을 수 있을 것 같은
행복한 성탄절이 다가오고 있는 이때
이제 나이가 들어가니 옛날 생각들이 절로 떠오르는구나.

성탄절이 다가오면 부모님께서
착한 행동을 하면 산타할아버지가
선물을 가져오신다는 이야기에 마냥 부풀어 있었지.

부모님 형제들과 삼삼오오 부대끼며 잠을 자다가,
새벽녘에 추워서 따뜻한 아랫목으로 몸부림치며
서로 먼저 내려가려 하던 기억, 다음 날
산타할아버지 선물들이 널브러져

선물을 차지하기 위해 형제들과 복닥거리던
그 성탄절 아침이 새삼스럽게 생각나네.

이제는 옛날의 이런 아름다운 추억들은 찾아보기 어렵게 되었구나.
거리에서 들려오던 캐럴도 멈추고 크리스마스로 밤새우는 일도
추억 속으로 남는구나.

아~ 그때 그 시절이 그리워라.